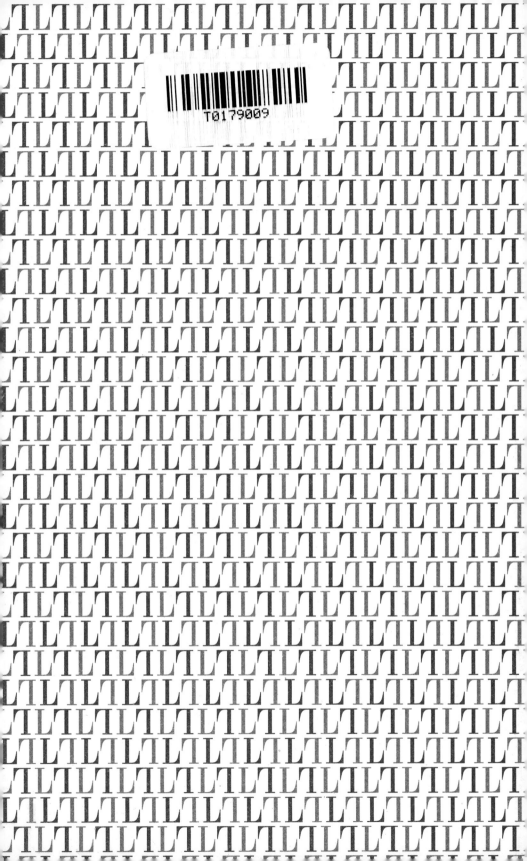

T0179009

En los márgenes

En los márgenes

Sobre el placer de leer y escribir

Elena Ferrante

Traducción del italiano de
Celia Filipetto

Lumen

ensayo

Título original: *I margini e il dettato*

Primera edición: marzo de 2022

© 2021, Edizioni e/o
© 2022, Penguin Random House Grupo Editorial, S. A. U.
Travessera de Gràcia, 47-49. 08021 Barcelona
© 2022, Celia Filipetto, por la traducción

Printed in Spain – Impreso en España

ISBN: 978-84-264-1088-7
Depósito legal: B-900-2022

Compuesto en M. I. Maquetación, S. L.
Impreso en Unigraf, S. L. (Móstoles, Madrid)

H 4 1 0 8 8 7

Índice

Nota de la editora

Este libro tiene su origen en un correo electrónico del profesor Costantino Marmo, director del Centro Internacional de Estudios Humanísticos Umberto Eco, que transcribimos a continuación:

Me gusta pensar en el otoño de 2020 como la época ideal para tres conferencias que Elena Ferrante podría impartir en la Universidad de Bolonia a toda la ciudadanía, en tres días sucesivos, sobre temas vinculados a su actividad de escritora, a su poética, a su técnica narrativa u otros de su agrado, y que puedan interesar a un amplio público no especializado.

Las *Eco Lectures* forman parte de una tradición de *Lectiones magistrales* encargadas a personalidades de la cultura nacional e internacional que Umberto Eco, entonces director de la Escuela Superior de Estudios Humanísticos, decidió proponer a la Universidad y a la ciudad de Bolonia a principios de nuestro siglo. La primera serie se encomendó a Elie Wiesel en enero de 2000, la última, a Orhan Pamuk en la primavera de 2014.

Llegaron después la pandemia, los confinamientos, y fueron imposibles los encuentros públicos. Sin embargo, una vez aceptada la invitación, Elena había escrito las tres conferencias. Así, en noviembre de 2021, la actriz Manuela Mandracchia se puso en la piel de Elena e interpretó los tres textos en el Teatro Arena del Sole de Bolonia en colaboración con ERT – Emilia Romagna Teatro.

El recorrido por la escritura y la lectura de la autora continúa aquí con un ensayo, «La costilla de Dante», escrito por invitación de la ADI, Asociación de Italianistas, del profesor Alberto Casadei y Gino Ruozzi, presidente de la entidad. Dicha ponencia cerró el Congreso Dante y otros clásicos (29 de abril de 2021) y fue leída por la estudiosa y crítica Tiziana de Rogatis.

SANDRA OZZOLA

La pena y la pluma

Señoras y señores:

Esta noche les hablaré del afán por escribir y de sus dos modalidades de escritura que creo conocer mejor: la primera, condescendiente; la segunda, impetuosa. Pero comenzaré, si me lo permiten, dedicando unas líneas a una niña por la que siento mucho aprecio y a sus primeros pasos con el alfabeto.

Hace poco, Cecilia, la llamo así expresamente para ustedes, quiso enseñarme lo bien que sabía escribir su nombre. Le di una pluma y una hoja de papel de las que utilizo para la impresora, y ella me ordenó: mírame. Acto seguido, con ardua concentración escribió CECILIA, una letra de imprenta tras otra, los ojos entrecerrados como si estuviera en peligro. Sentí alegría y al mismo tiempo cierta preocupación. Por momentos pensé: voy a ayudarla, le guiaré la mano, no quería que se equivocase. Pero ella se las arregló sola. Ni siquiera se preocupó por empezar a escribir desde el principio de la página. Apuntó ahora hacia arriba, ahora hacia abajo, y dio a cada consonante, a cada vocal, unas dimensiones al azar, una grande, una pequeña, una mediana, dejando un espacio considerable entre cada signo. Al terminar me miró y, con una imperativa necesidad de ser elogiada, casi gritó: ¿has visto?

Naturalmente la felicité, muchísimo, aunque con una ligera incomodidad. ¿Por qué ese miedo a que se equivocara? ¿Por qué ese impulso mío de guiar su mano? Estos días he pensado en ello. Seguro que varios decenios antes, en algún papel ocasional, yo también debí de haber escrito del mismo modo desordenado, con la misma concentración, con la misma aprensión, con la misma necesidad de ser elogiada. Pero, con toda franqueza, debo decir que no lo guardo en la memoria. Mis primeros recuerdos de la escritura están relacionados con los cuadernos de la escuela primaria. Tenían entonces, no sé si siguen teniéndolas, unas líneas negras horizontales, trazadas para delimitar unos espacios de diferentes medidas. Así:

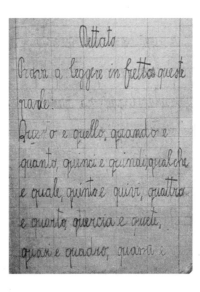

La distribución de los espacios iba cambiando de primero a quinto de primaria. Si disciplinabas la mano y aprendías a mantener a raya las letras pequeñas, redondas, y las que se empinaban hacia arriba o se deslizaban hacia abajo, te aprobaban, y los segmentos horizontales que cortaban la página se iban reduciendo de curso en curso hasta que, en quinto, se convertían en un solo renglón. Así:

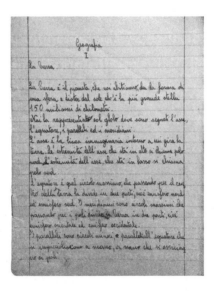

Ya eras mayor, habías iniciado tu recorrido escolar a los seis años, ahora tenías diez, y eras mayor porque tu letra corría por la página de modo ordenado.

¿Adónde corría? Bueno, no solo las líneas negras horizontales delimitaban la página en blanco; había también dos líneas rojas verticales, una a la izquierda, la otra a la derecha. Escribir suponía moverse dentro de ellas, y esas líneas, de eso tengo un recuerdo muy nítido, fueron mi cruz. Estaban allí expresamente para indicar, incluso con su color, que si tu escritura no quedaba encerrada entre esos hilos tendidos, te castigaban. Pero al escribir me distraía fácilmente, y aunque casi siempre respetaba el margen izquierdo, a menudo me salía del derecho, unas veces para completar la palabra, otras porque había llegado a un punto en que resultaba difícil dividirla en sílabas y pasar a la línea siguiente sin salirse del margen. Me castigaron tantas veces que la sensación del límite se convirtió en parte de mí y cuando escribo a mano siento la amenaza de ese hilo rojo vertical, aunque haya desaparecido desde hace tiempo de las hojas que uso.

¿Qué decir, pues? Hoy sospecho que mi letra al estilo Cecilia, llamémosla así, fue a parar dentro o debajo de la letra de aquellos cuadernos. No lo recuerdo; sin embargo, ahí debe de estar, educada por fin para mantenerse dentro de los renglones y entre los márgenes. Probablemente aquel primer esfuerzo sea la fuente de la que nace, todavía hoy, mi sensación de vanidosa victoria cada vez que algo oscuro, algo que era invisible se hace de pronto visible gracias a una primera cadena de signos sobre la página o en la pantalla del ordenador. Es una combinación alfabética provisional, seguramente imprecisa, pero mientras tanto, la tengo ante mis ojos, muy muy cerca de los primeros impulsos del cerebro, y sin embargo, está ahí, fuera, ya alejada. Que esto ocurra siempre posee para mí una magia infantil tan grande que si tuviera que simbolizar gráficamente su energía, recurriría al desorden con que Cecilia escribió su nombre, exigiendo que la mirara y que la viera y la reconociera con entusiasmo en aquellas letras.

Desde mi primera adolescencia, en este afán por escribir influyen, probablemente, la amenaza de aquellas líneas rojas —mi caligrafía es muy pulcra e incluso cuando utilizo ordenador, tras escribir unas cuantas líneas voy enseguida a la alineación y clico en el icono que distribuye el texto de forma homogénea—, así como el deseo y el miedo de violarlas. Más en general, creo que mi sentido de la escritura, y también todas las dificultades que llevo conmigo, tienen que ver con la satisfacción de poder mantenerme como si tal cosa dentro de los márgenes y, a la vez, con la impresión de pérdida, de desperdicio, por haberlo conseguido.

He empezado con una niña que intenta escribir su nombre, pero ahora, para continuar, quisiera invitarlos a que se introduzcan entre las líneas de Zeno Cosini, protagonista de la grandísima novela de Italo Svevo, *La conciencia de Zeno*. Sorprendemos a Zeno justo cuando está esforzándose por escribir, y, a mis ojos, su esfuerzo no se aleja demasiado del de Cecilia. Leamos:

Después de comer, repantigado en un sillón club, cojo el lápiz y una hoja de papel. No hay arrugas en mi frente, porque he eliminado todo esfuerzo mental. Mi pensamiento se me presenta disociado de mí. Lo veo. Sube, baja…, pero esa es su única actividad. Para recordarle que es el pensamiento y que su deber sería manifestarse, cojo el lápiz. Y entonces se me arruga la frente, porque cada palabra está compuesta de muchas letras y el imperioso presente resurge y desdibuja el pasado.*

No es raro que quien escribe empiece a narrar precisamente a partir del momento en que se dispone a cumplir con su labor; es más, diría que ocurre desde siempre. Cuando se habla de literatura, merecería prestar más atención al modo en que nos imaginamos sacando a rastras, mediante la palabra escrita, un «dentro» fantasmal, por su naturaleza tan escurridiza. He sufrido su atracción, la colecciono obsesivamente. Y ese pasaje de Svevo siempre me sugestionó, desde jovencita. Escribía sin parar, aunque me resultara fatigoso y casi siempre decepcionante. Cuando leí ese fragmento, me convencí de que Zeno Cosini tenía problemas similares a los míos, pero que sabía mucho más de ellos.

* Trad. de Carlos Manzano, Barcelona, Lumen, 2001.

Svevo, como han visto, subraya que todo empieza con un lápiz y una hoja de papel. Luego se produce una escisión sorprendente: el yo de quien quiere escribir se separa de su propio pensamiento y, al separarse, ese pensamiento lo ve. No se trata de una imagen fija y definida. El pensamiento-visión se muestra como algo en movimiento —sube y baja—, y su deber es manifestarse antes de desaparecer. Ese es precisamente el verbo, *manifestarse*, y resulta significativo, remite a una acción que se cumple gracias a la mano. Ese algo que está ante los ojos del yo —algo móvil; por lo tanto, vivo— debe «aferrarse con la mano», armada de lápiz, y ser transformado en palabra escrita sobre el papel. Parece una operación sencilla, pero la frente de Zeno, antes libre de arrugas, ahora está llena de ellas, el esfuerzo no es cosa de poco. ¿Por qué? Aquí Svevo hace una observación para mí muy importante. El esfuerzo se debe al hecho de que el presente —todo el presente, incluido el del yo que escribe una letra detrás de la otra— no consigue retener con nitidez el pensamiento-visión, que llega siempre antes, que es siempre el pasado, y por ello tiende a desdibujarse.

Leía esas pocas líneas, las despojaba de ironía, las forzaba, las adaptaba a mí. Y me imaginaba una carrera contrarreloj, carrera en la que quien escribe siempre quedaba rezagado. En efecto, mientras las letras se arrimaban, veloces, las unas a las otras, imponiéndose, la visión escapaba y escribir estaba siempre destinado a ser una fastidiosa aproximación. La escritura tardaba demasiado en plasmar la onda del cerebro. Las «muchas letras» eran lentas, se afanaban por captar el pasado mientras ellas mismas se convertían en pasado, era mucho lo que se perdía. Al releerme, tenía la impresión de que una voz, que se desvanecía en mi cabeza, transportaba más de cuanto después se había convertido realmente en letra.

Cuando era jovencita, no recuerdo haber pensado nunca que estaba habitada por una voz extraña. No, nunca experimenté ese malestar. Las cosas se complicaban, sin embargo, cuando escribía. Leía muchísimo, y todo lo que me gustaba casi nunca había sido escrito por mujeres. Mi sensación era que de las páginas surgía una voz de hombre, una voz que me ocupaba y que yo trataba de imitar por todos los medios. A los trece años, por atenerme a un recuerdo nítido, cuando tenía la sensación de haber escrito bien, me parecía como si alguien estuviera indicándome lo que debía poner por escrito y cómo hacerlo. A veces era de sexo masculino, pero invisible. No sabía siquiera si tenía mi edad o era mayor, tal vez viejo. Más en general, he de confesar que me imaginaba convertida en varón sin dejar de ser mujer. Esta impresión, menos mal, desapareció casi por completo al final de la adolescencia. Digo «casi» porque, si bien la voz masculina ya no está, me quedó un impedimento residual, la impresión de que mi cerebro de mujer actuaba de freno, de límite; era como si fuese una lentitud congénita. Escribir no solo era difícil en sí, sino que a ello se añadía el hecho de ser yo mujer y que por eso jamás conseguiría escribir libros como los de los grandes escritores. La calidad de la escritura de aquellos textos, su fuerza despertaba en mí ambiciones, me dictaba intenciones que consideraba muy por encima de mis posibilidades.

Después, quizá cuando terminé el bachillerato, no lo recuerdo, me topé por pura casualidad con las *Rimas* de Gaspara Stampa, y especialmente con un soneto que me marcó. Hoy sé que ella usaba uno de los grandes lugares comunes de la tradición poética: la insuficiencia de la lengua frente al amor, ya se trate del amor a otro ser humano, ya se trate del amor a Dios. Pero entonces yo no lo sabía, y me fascinó, sobre todo, su proceso continuo de mal de amor y palabra escrita que, sin embargo, la llevaba siempre, inevitablemente, a descubrir la desigualdad entre canto y materia del canto, o, por utilizar una de sus fórmulas, entre el objeto vivo que enciende el fuego del amor y «la lengua muerta cerrada en humano velo». Los versos, que entonces leí como si estuviesen dirigidos a mí, son estos:

Si, siendo como soy abyecta y vil / mujer, puedo llevar tan alto fuego, /¿por qué no hacerlo arder siquiera un poco /

y enseñárselo al mundo con estilo? / Si Amor con nueva, insólita llave de mecha, / que evitar yo no podía, tan alto me elevó, / ¿por qué no puede con juego no habitual / unir en mí del mismo modo la pena y la pluma? / Y si no puede por mi naturaleza, / que pueda al menos por milagro, que tantas veces / vence, traspasa y rompe toda medida. / No consigo decir si esto es posible, / pero para gran ventura mía empiezo a sentir / el corazón de nuevo estilo impreso.

Con el tiempo me ocupé más sistemáticamente de Gaspara Stampa. Pero verán, entonces me llamó la atención que en el primer verso la poeta se declarase «mujer abyecta y vil». Si yo, me decía Gaspara, yo, que me siento una mujer desechable, una mujer sin ningún valor, puedo, no obstante, llevar en mí un fuego de amor tan alto, ¿por qué no debería yo tener al menos algo de inspiración y unas cuantas palabras hermosas para dar forma a ese fuego y enseñárselo al mundo? Si Amor, utilizando un nuevo e insólito modo de encender el fuego, me ha lanzado hacia arriba, hasta un lugar para mí inaccesible, ¿por qué no puede, violando las reglas habituales del juego, hacer que la pluma encuentre en mí las palabras para reproducir, de la manera más ceñida a la verdad, mi pena de amor? Por otra parte, si Amor no puede contar con mi naturaleza, podría al menos obrar un milagro, de esos que a menudo superan todos los límites establecidos. No sé decir de modo claro cómo ocurrió, pero puedo demostrar que siento esas palabras nuevas impresas en mi corazón.

En aquella época, yo también me consideraba una mujer abyecta y vil. Como he dicho, temía que fuera precisamente mi naturaleza femenina lo que me impedía aproximar al máximo la pluma a la pena que quería expresar. ¿De veras hace falta un milagro, me preguntaba, para que una mujer con cosas que contar disuelva los márgenes entre los que, por su naturaleza, parece encerrada y se muestre al mundo con su escritura?

Después pasó el tiempo, llegaron otras lecturas y me quedó claro que Gaspara Stampa había llevado a cabo una operación del todo nueva: no se limitó a usar un gran lugar común de la cultura poética masculina, la ardua reducción de la desmesura de la pena de amor a la medida de la pluma, sino que además injertó en ella algo más, por completo imprevisto: el cuerpo femenino que impávidamente busca desde el interior de la «lengua mortal cerrada en humano velo», un traje de palabras cosido con la propia pena y la propia pluma. Teniendo en cuenta que entre pena y pluma, tanto masculina como femenina, sigue existiendo una especie de desequilibrio congénito, Stampa me estaba diciendo que, precisamente por no estar prevista en la lengua escrita de tradición masculina, la pluma femenina debía hacer un esfuerzo enorme y muy valiente —hoy igual que hace cinco siglos— para violar «el juego habitual» y dotarse de «estilo».

En aquel momento, creo que alrededor de los veinte años, se me quedó claramente grabado en la cabeza una especie de círculo vicioso: si quería tener la impresión de escribir bien, debía hacerlo como un hombre y mantenerme firmemente dentro de la tradición masculina; pero, siendo mujer, no podía escribir como mujer si no violaba aquello que, diligentemente, trataba de aprender de la tradición masculina.

Desde entonces y durante décadas escribí muchísimo encerrada en ese círculo. Partía de algo que consideraba urgente, por entero mío, y seguía adelante durante días, semanas, en ocasiones meses. A pesar de que los efectos del impacto inicial iban remitiendo poco a poco, yo resistía, la escritura seguía avanzando tras hacer y rehacer cada línea. Pero entretanto, la brújula que me había indicado la dirección había perdido su aguja, era como si me demorase en cada palabra porque no sabía adónde ir. Les diré una cosa que parecerá contradictoria: cuando concluía un relato, estaba contenta, tenía la impresión de que me había salido perfecto; sin embargo, me sentía como si no lo hubiese escrito yo, es decir, no aquella yo sobreexcitada, dispuesta a todo, que había sentido la llamada de la escritura y que durante todo el proceso de redacción me había parecido agazapada en las palabras, sino otra yo bien disciplinada, que había encontrado caminos convenientes con el único fin de poder decir al final: aquí tienen, vean qué bonitas frases he escrito, qué bonitas imágenes, el relato está terminado, elógienme.

Fue a partir de ese momento cuando empecé a pensar explícitamente que tenía dos escrituras: una que se había manifestado desde la época escolar, y que me había garantizado siempre las alabanzas de los profesores: muy bien hecho, llegarás a ser escritora; y otra, que asomaba por sorpresa y se eclipsaba después dejándome insatisfecha. Con los años, esa insatisfacción ha tomado distintos caminos, pero, en esencia, todavía perdura.

Me siento apretada, incómoda, con la escritura bien calibrada, tranquila y condescendiente que, para entendernos, me llevó a pensar que sabía escribir. Para ceñirme a la imagen del arcabuz que Gaspara Stampa utiliza modernizando la antigua flecha de Cupido, con esa escritura a mí me saltan chispas, quemo la pólvora. Pero después me doy cuenta de que mis proyectiles no llegan lejos. Entonces busco otra, impetuosa, pero no hay nada que hacer, rara vez se dispara. Aparece, no sé, en las primeras líneas y no consigo retenerla, desaparece. O bien irrumpe al cabo de páginas y más páginas y avanza, insolente, sin cansarse, sin detenerse, sin reparar siquiera en la puntuación, solo con la fuerza de su propio ímpetu. Después, de golpe, me abandona. He pasado gran parte de mi vida escribiendo páginas lentas con la única esperanza de que fuesen preliminares y de que el instante de ese disparo imparable no tardara en llegar, cuando el yo que escribe desde su fracción del cerebro se apodera con un movimiento imprevisto de todos los posibles yoes, de la cabeza entera, del cuerpo entero, y así potenciado echa a correr recogiendo en su red el mundo que le sirve. Son momentos maravillosos. Algo pide manifestarse, decía Svevo, ser aferrado por la mano que escribe. Algo de mí, mujer abyecta y vil, decía Gaspara Stampa, quiere salirse del juego habitual y encontrar estilo. Pero, por mi experiencia, ese algo escapa fácilmente, no se deja asir y se pierde. Sin duda, se puede evocar de nuevo, se puede incluso encapsular en una bonita frase, pero el instante en que el objeto apareció y el siguiente en el que te pusiste a escribir deben encontrar la mágica coordinación que dará paso a la alegría de escribir o tendremos que conformarnos con darle vueltas a las palabras a la espera de una nueva y fulgurante ocasión que nos sorprenda más preparadas, menos distraídas. Una cosa es programar un relato y darle una ejecución digna, y otra bien distinta es esa escritura, por completo aleatoria, no menos expresiva, del mundo que intenta ordenar. Esa escritura ahora irrumpe, ahora desaparece, ahora parece emanar de uno solo, ahora es una multitud, ahora es pequeña, susurrada, ahora se agiganta y grita. En fin, vigila, duda, rueda, brilla, medita, como la proverbial tirada de dados de Mallarmé.

A menudo me he servido de las entradas de los *Diarios* de Virginia Woolf para lograr esa escritura para mí huidiza. Como el tiempo apremia, les propongo aquí dos párrafos brevísimos, pero que me parecen importantes. El primero es el retazo de una conversación en apariencia frívola con Lytton Strachey, que pregunta:

«¿Y tu novela?».

«Meto la mano en el pastel & hurgo. [En el original: *Oh, I put in my hand & I rummage in the bran pie*]. Es lo que resulta maravilloso. Y todo es diferente».

«Sí, yo soy 20 personas distintas».*

Eso es todo: la mano, el pastel, veinte personas. Pero, como ven, al cabo de unas cuantas ocurrencias autoirónicas, hay dos indicaciones: la primera, el acto de escribir es un puro tentar a la suerte; la segunda, lo que la escritura capta no pasa por el tamiz de un yo singular, bien plantado en la vida cotidiana, sino que es veinte personas, o sea, un número al azar para decir: cuando escribo, ni siquiera yo sé

---

* Esta y las siguientes citas de *Diarios*, de Virginia Woolf: trad. de Olivia de Miguel, vol. 2, Madrid, Tres Hermanas Ediciones, 2018.

quién soy. Ciertamente —afirma Woolf, y aquí pasamos a la lectura de otro pasaje— no soy Virginia:

> Es un error pensar que se puede crear literatura a partir de materiales sin elaborar. Una debe salir de la vida —sí, ese es el motivo por el que me disgustó tanto la irrupción de Sydney—, colocarse en su parte externa, muy muy concentrada en un punto, y no tener que recurrir a las partes dispersas de un personaje que vive en tu cerebro. Sydney llega & yo soy Virginia, pero cuando escribo soy simplemente una sensibilidad. A veces me gusta ser Virginia, pero solo cuando estoy dispersa & cambiante & sociable. Ahora [...] me gustaría ser tan solo una sensibilidad.

La idea de Woolf me parece clara: escribir es alojarse dentro del propio cerebro, sin dispersarse en las modalidades numerosísimas, variadas y subalternas con las que, en cuanto Virginia, se vive a diario una vida no elaborada. Cuando era jovencita, me parecía que decía lo siguiente: oh, sí, me gusta ser Virginia, pero el yo que escribe en serio no es Virginia; el yo que escribe en serio es veinte personas, una pluralidad hipersensible concentrada por completo en la mano equipada de pluma. El deber de esa mano es meterse en el pastel y sacar letras, palabras, frases. La verdadera escritura es ese gesto que hurga en el depósito de la literatura en busca de las palabras necesarias. Así que nada de Virginia, que es el nombre de la vida no elaborada y de la escritura condescendiente. Quien escribe no tiene nombre. Es pura sensibilidad que se alimenta de alfabeto y produce alfabeto en un flujo incontenible.

Me he encariñado con esta representación: una entidad, por completo independiente de la persona definida en el registro civil (Virginia), produce palabras escritas en un aislamiento de suma concentración. El caso es que me ha resultado cada vez más difícil dotarla de sustancia. La impresión es que, con demasiada frecuencia, los escritores y las escritoras hablan de ello de un modo insatisfactorio. Pensemos, por ejemplo, en cuando decimos: la historia se cuenta sola, el personaje se autoconstruye, la lengua nos habla, como si no fuésemos nosotros quienes escribimos, sino otro que habita en nosotros siguiendo una línea que parte del mundo antiguo y llega hasta hoy: el dios que dicta; el descenso del Espíritu Santo; el éxtasis; la palabra cifrada del inconsciente; la red intersubjetiva que nos captura y nos diseña cada vez, etcétera. En ocasiones he intentado aclararme las ideas, pero no me las he aclarado y he regresado a mí, a mis dos escrituras. No están separadas. La primera, la habitual, lleva en su interior a la segunda. Si me privara de ella, no escribiría en absoluto. Es una escritura que me mantiene diligentemente dentro de los márgenes, a partir de aquellos otros, de color rojo, de los cuadernos de primaria. Gracias a ella soy una prudente productora, quizá medrosa —nunca he tenido demasiada valentía, ese es mi tormento—, de páginas que me mantienen dentro de las reglas aprendidas. Es un ejercicio permanente al cual puedo sustraerme, no obstante, sin demasiadas molestias cuando la rutina diaria me atrapa. A veces me digo que si la Virginia de Woolf escribiera, escribiría con esa misma condescendencia.

El problema es la otra escritura, la que Woolf se impone y define como un concentrado de sensibilidades. Igual que la primera, se asienta en el cerebro, no es más que neuronas. La siento cuando escribo, pero no sé darle órdenes. La cabeza no sabe, tal vez no quiere, librarla de modo definitivo, o al menos gobernar sus apariciones. Así, mi vena garabateadora (esta expresión también la tomé hace tiempo de Woolf: *scribbling*) se atiene de modo predominante al juego habitual, esperando el momento de la escritura verdadera.

De hecho, mi trabajo se basa en la paciencia. Narro a la espera de que de una escritura bien plantada en la tradición surja algo que desordene los papeles, y la mujer abyecta y vil que soy encuentre la manera de hacer oír su voz. Adopto con gusto técnicas de larga data, me he pasado la vida aprendiendo cómo y cuándo usarlas. Desde jovencita me apasiona escribir novelas de amor y traiciones, de arriesgadas indagaciones, de descubrimientos horrendos, de adolescencias descarriadas, de vidas desdichadas que después tienen suerte. Es mi adolescencia de lectora que se ha transformado, sin solución de continuidad, en el prolongado e insatisfecho aprendizaje de autora. Los géneros literarios son áreas seguras, plataformas sólidas. Coloco allí un tenue indicio de relato y me ejercito con tranquilo y prudente placer. Mientras tanto, solo espero que mi cerebro se distraiga, falle, y otros de mis yoes, fuera de los márgenes, muchos yoes, se consoliden, me aferren de la mano, y con la escritura comiencen a tirar de mí y llevarme allí adonde temo ir, adonde me duele ir, de donde, si me aventuro más allá, no está claro que luego sepa regresar. Es el momento en que las reglas —aprendidas, aplicadas— ceden y la mano saca del pastel no lo que sirve, sino precisamente lo que sale, cada vez más veloz, desequilibrándolo todo.

¿Seguro que esto produce buenos libros? No, no lo creo. Por lo que a mí respecta, al final, a pesar de la sensación de frenética fuerza que esa escritura transmite, no cubre la distancia entre pena y pluma, deja en la página menos de lo que parece haber captado en un primer momento. Quizá, igual que ocurre con todo, es preciso saber cómo obtenerla, retenerla, contenerla; en definitiva, conocer sus cualidades y sus defectos, aprender a usarla. Yo no lo he conseguido y no creo que lo consiga. Durante mucho tiempo tuve la sensación de que esa escritura solo era un instrumento de destrucción, un martillo que podía derribar el cerco dentro del que me sentía encerrada. Pero hoy, destruir me parece un objetivo vanguardista más bien ingenuo. Como todas las personas tímidas y cumplidoras, yo tenía la ambición inconfesada e inconfesable de salirme de las formas dadas y dejar que la escritura desbordase todas las formas. Después, poco a poco, fui superando esa fase: incluso Samuel Beckett, el extraordinario Samuel Beckett, decía que en literatura y en cualquier otro ámbito de lo único que no podemos prescindir es de la forma. Opté entonces por la tendencia a utilizar estructuras tradicionalmente robustas, que trabajaba con cuidado, esperando con paciencia el momento en que pudiera escribir con la verdad de la que soy capaz, desequilibrando y deformando, para hacerme un hueco con todo el cuerpo. Para mí, la escritura auténtica no es un gesto elegante, estudiado, sino un acto convulsivo.

He citado a Beckett con conocimiento de causa. Es raro que quien dedica su propia existencia a la escritura no haya dejado por lo menos una línea sobre el yo metido a la fuerza en un rinconcito del cerebro dedicado a crear palabras escritas. Y no dudo de que esas líneas no contienen simplemente una especie de homenaje a la pasión por la escritura, sino también una puerta o puertecita abierta al sentido de la propia obra, sus defectos y sus méritos. Ahora bien, por lo que a mí respecta, Beckett es quien mejor lo hizo, en *El innombrable*. El pasaje que les propongo es largo, perdónenme, pero podría serlo aún más, tal vez el libro entero. Leamos:

[...] soy palabras, estoy hecho de palabras, de palabras de los demás, ¿qué demás?, el sitio también, el aire también, las paredes, el suelo, el techo, palabras, todo el universo está aquí, conmigo, yo soy el aire, las paredes, lo emparedado, todo cede, se abre, cae, regolfa, copos, soy todos esos copos que se entrecruzan, se unen, se separan, adondequiera que vaya me vuelvo a hallar, me abandono, voy hacia mí, vengo de mí, nunca más que yo, que una partícula de mí, recobrada, perdida, fallada, palabras, soy todas esas palabras, todas esas extrañas palabras, este polvo de verbo, sin suelo en el que posarse, sin cielo en el que disiparse, reuniéndose para decir, huyéndose para decir, que yo las soy todas, las que se unen, las que se separan, las que se ignoran, que soy eso y no otra cosa, sí, cualquier otra cosa, que soy otra cosa cualquiera, una cosa muda, en un lugar duro, vacío, cerrado, seco, limpio, negro, en el que nada se mueve, nada habla, y que escucho, y que oigo, y que busco, como un animal nacido en una jaula de animales nacidos en jaula de animales nacidos en jaula de animales nacidos en jaula de animales nacidos en jaula de animales nacidos en jaula de animales nacidos y muer-

tos en jaula de animales nacidos y muertos en jaula de animales nacidos en jaula, muertos en jaula, nacidos y muertos,
nacidos y muertos en jaula en jaula nacidos y después muertos, nacidos y después muertos, como un animal digo, dicen
ellos, un animal semejante, que busco como un animal semejante, con mis pobres medios, un animal semejante, de cuya
especie ya no queda más que el miedo, la rabia, no, la rabia
concluyó, solo el miedo...*

En este fragor ordenado-desordenado producto de un yo
hecho exclusivamente de palabras —en este fragor que,
de fragmento en fragmento, es reconducido a la imagen de
una larguísima cadena de animales enjaulados, motivados
únicamente por el miedo— me he reconocido un poco.
Antes de topar con él tenía en mente otra imagen, que me
venía de mi madre: un torbellino de fragmentos-palabras
que me producían malestar, que me aterraban, y que, en
mis fantasías, eran pecios de un territorio sumergido por la
furia de las aguas. Una *frantumaglia*, decía mi madre y se
asustaba al hablarme de su cabeza, y me asustaba a mí a tal
punto que durante mucho tiempo preferí la imagen de la
jaula. La jaula al menos tenía unos límites precisos, me
tranquilizaba sentirme dentro de un perímetro. Soy de las

* Trad. de Rafael Santos Torroella, Madrid, Alianza Editorial,
2021.

que siempre tienden a cerrar la puerta a su espalda, y durante mucho tiempo preferí parecerme a alguien antes que sentirme sin rasgos. Dentro de una jaula, el torbellino de *frantumaglie* —que en los últimos años ha vuelto a imponerse— se me antojaba más controlable.

Los cuadernos de primaria seguramente fueron una jaula, con sus líneas horizontales negras y las verticales rojas. Si bien se mira, allí empecé a escribir mis cuentecitos, y desde entonces tiendo a transformar cualquier cosa en relato pulido, ordenado, armónico, logrado. Pero el clamor inarmónico de la cabeza permanece, yo sé que de ahí salen las páginas que acaban convenciéndome de que debo publicar libros. Quizá lo que me salva —aunque esa salvación no tarda en ser perdición— es que, a lo largo del tiempo, en la necesidad de orden ha subyacido una energía deseosa de obstaculizar, desordenar, decepcionar, errar, fallar, ensuciar. Esa energía tira de mí ahora hacia un lado, ahora hacia el contrario. Escribir de veras para mí ha consistido, con el tiempo, en dar forma a un equilibrarme/desequilibrarme permanente, disponer fragmentos en un encaje y esperar el momento de desordenarlo. Así, la novela de amor empieza a satisfacerme cuando se convierte en novela de desamor. La novela de misterio comienza a apoderarse de mí cuando sé que nadie descubrirá quién es el asesino. La novela de formación me parece bien encaminada cuando está claro que nadie acabará formado. La escritura hermosa llega a serlo cuando pierde su armonía y posee la fuerza desesperada de lo feo. ¿Y los personajes? Se me antojan falsos cuando muestran una nítida coherencia; me enamoro de ellos cuando dicen una cosa y hacen lo contrario. «Bello es feo y feo es bello», dicen esas extraordinarias narradoras que son las brujas de *Macbeth* mientras se disponen a alejarse volando en la niebla y el aire inmundo. Pero de esto y de otras cosas hablaremos en la próxima ocasión.

Aguamarina

Señoras y señores:

Empezaré hoy con una regla que me impuse entre los dieciséis y los diecisiete años. Quien escribe —apunté en un cuaderno que todavía conservo— tiene el deber de poner en palabras los empujones que da y que recibe de los demás. Reforcé esta formulación con una cita: dime las cosas tal como son, tomada de *Jacques el fatalista*, de Denis Diderot. Por aquel entonces yo no sabía nada del libro de Diderot; esa frase me la había citado una vez, como consejo, una profesora a la que tenía cariño.

Desde jovencita me han apasionado las cosas reales, quería circunscribirlas, inscribirlas, describirlas, prescribirlas, incluso proscribirlas si era preciso. No me refrenaba, mi plan era lanzarme sobre el mundo, sobre el otro, sobre los otros, y relatarlos. Pensaba: ahí fuera está cuanto estimula casualmente el nacimiento de un relato, topa con nosotros, topamos con ello, nos confunde, se confunde. Dentro —dentro de nosotros— solo tenemos los mecanismos frágiles de nuestro organismo. Eso que llamamos «vida interior» es un destello constante del cerebro que quiere materializarse en forma de voz, de escritura. Por eso yo miraba expectante alrededor; para mí entonces escribir se componía, esencialmente, de ojos: el temblor de la hoja amarilla, las piezas relucientes de la cafetera, el dedo anular de mi madre con su aguamarina, que desprendía una luz celeste, mis hermanas peleándose en el patio, las enormes orejas del hombre calvo con delantal azul. Quería servir de espejo. Asociaba fragmentos según un antes y un después, los encajaba entre sí, y me salía un cuento. Me ocurría de modo natural, lo hacía continuamente.

Con el paso del tiempo, todo se complicó. Empecé a hacerme la guerra a mí misma: por qué esto, por qué no aquello otro, así está bien, así no está bien. Al cabo de pocos años tenía la sensación de que ya no sabía escribir. Ni una sola de mis páginas estaba a la altura de los libros que me gustaban, tal vez porque yo era una ignorante, tal vez porque era inexperta, tal vez porque era mujer y por ello empalagosa, tal vez porque era tonta, tal vez porque carecía de talento. Todo me salía encorsetado: el cuarto, la ventana, la sociedad, los buenos, los malos, su ropa, sus expresiones, los pensamientos, los objetos, que permanecían impasibles incluso cuando eran manipulados. Y después estaban las voces, el dialecto de mi ciudad, que en la escritura me incomodaba. En cuanto lo transcribía, sonaba alejado del auténtico, y dentro de la hermosa escritura que yo intentaba crear, rechinaba.

Quiero poner un pequeño ejemplo tomado de mis notas de hace mucho tiempo: la aguamarina que mi madre llevaba en el dedo. Era un objeto auténtico, muy auténtico; sin embargo, en mi cabeza no había nada que fuese más fluctuante. Se desplazaba entre el dialecto y el italiano, en el tiempo y el espacio, junto a la figura de ella, ahora nítida, ahora confusa, siempre acompañada de mis sentimientos afectuosos u hostiles. La aguamarina era tornasolada, parte de una realidad tornasolada, de un yo tornasolado. Incluso cuando conseguía aislarla en una descripción —cuánto me he ejercitado en las descripciones— y le atribuía una luz celeste, con esa fórmula la piedra ya perdía su esencia, pasaba a ser una emoción mía, un pensamiento, un sentimiento ahora de placer, ahora de malestar, y se opacaba como si hubiese caído al agua o yo misma la hubiese empañado con el aliento. Ese opacamiento no carecía de consecuencias: de modo casi inadvertido, tendía a hacerme subir el tono como si así pudiera devolver el brillo a la piedra. Y yo me decía: mejor escribir luz azulina. O fuera lo de la luz: bastaba con el color, una aguamarina azulina. Pero no me gustaba ese ina/ina, hurgaba en el diccionario y escribía cian, color cian; luego, por qué no, cianótica. Esto me parecía eficaz: aguamarina cianótica, aguamarina de luz cianótica. Pero entonces la luz de la aguamarina cianótica —o la luz cianótica de la aguamarina— se difundía, con las imágenes que evocaba, sobre la historia de mi madre, sobre el prototipo de madre napolitana que yo iba construyendo, en un violentísimo contraste con su voz dialectal. ¿Era un bien?, ¿era un mal? Yo no lo sabía. Solo sabía que aquel simple adjetivo quería ahora obligarme a salir de una historia familiar, gris y real, para meterme en una historia negra, casi gótica. Entonces me rendía deprisa, pero a regañadientes. Fuera cianótica. Pero ya había perdido la confianza: el anillo auténtico, que precisamente como objeto auténtico de una auténtica experiencia mía debería haber dado autenticidad a la escritura, parecía inevitablemente falso.

Me he extendido un poco con la aguamarina para destacar que mi vocación realista, perseguida con obstinación desde la adolescencia, en un momento dado se transformó en una constatación de incapacidad. No sabía obtener una reproducción exacta de la realidad, era incapaz de decir las cosas tal como eran. Probé con el relato fantástico creyendo que sería más fácil, desistí, experimenté con giros neovanguardistas. Pero la necesidad de anclarme a historias realmente vividas por mí o por otros tenía una fuerza indiscutible. Construía personajes amoldándolos a personas a las que había conocido o a las que conocía. Apuntaba gestos, formas de hablar, cómo los veía y los sentía. Describía paisajes, el paso de la luz. Reproducía dinámicas sociales, ambientes económica y culturalmente alejados. Pese al malestar, daba al dialecto su espacio. En fin, acumulaba páginas y páginas de notas tomadas de mi experiencia directa. Pero solo coleccionaba frustraciones.

Así las cosas, de modo ocasional, como ocurre casi siempre con todo y también con los libros que nos ayudan de verdad, me dio por leer *Jacques el fatalista* de principio a fin. No diré nada de lo que cuenta *Jacques*, porque debería comenzar con *Tristram Shandy*, de Laurence Sterne, que lo precede e influye en él, y no terminaría nunca; pero si no los han leído, créanme, se trata de dos libros que hablan de lo difícil que es narrar y, de paso, les multiplicarán las ganas de hacerlo. Me limitaré aquí a destacar que esa lectura me permitió, al cabo de muchos años, contextualizar la frase citada por mi profesora.

AMO: […] Dime las cosas tal como son.

JACQUES: No es ese fácil empeño. Cada uno tiene su carácter, sus intereses, sus gustos, sus pasiones, y según ellos exageramos o atenuamos. ¡Decir las cosas tal como son! Eso no se da probablemente ni un par de veces al día en toda una gran ciudad. Y aquel que escucha, ¿acaso está mejor dispuesto que el que habla? No, por cierto. Luego apenas un par de veces al día, en toda una ciudad, han de entenderse las cosas como se dicen.

AMO: ¡Qué diablos, Jacques! ¡Son esas máximas como para proscribir el uso de la lengua y de las orejas, como para no decir ni palabra, ni escuchar a nadie ni para creer! De todos modos, vamos, di a tu manera y yo te escucharé a la mía y te creeré como pueda.*

Había leído un montón de libros sobre esos temas, páginas a menudo inútilmente difíciles, y allí, dicho con sencillez, encontré algo de consuelo. Si cada novela que escribía, robusta o endeble, estaba al final muy alejada de mis aspiraciones —tenía ambiciones desmesuradas—, quizá la razón no fuese únicamente mi incapacidad. Dada la constitución de lo real, narrarlo —subrayaba Jacques— resulta difícil, hay que tener en cuenta el hecho de que quien narra siempre es un espejo deformante. ¿Entonces? ¿Es mejor renunciar? No, contestaba el amo, no hay que desanimarse: contar la verdad es arduo, pero tú haz lo posible.

Siguió un largo periodo en el que intenté hacer lo posible. Me impuse ser menos exigente de lo habitual; debido a ello, en un momento dado, un libro que había escrito y que no me había parecido demasiado malo hizo que me entraran ganas —antes nunca me había pasado— de enviárselo a un editor. Pensé adjuntar una carta de presentación detalladísima en la que explicaba de dónde me había venido la idea, de qué personas y hechos reales se había nutrido. Realmente traté de escribir aquella carta, re-

* Trad. de María Fortunata Prieto Barral, Barcelona, RBA Coleccionables, 1994.

dacté muchas páginas. Al principio todo parecía claro. Sacaba a colación las circunstancias en las que, al reunir hechos reales, la historia se había ido articulando. A continuación pasaba a describir a las personas reales, los lugares reales que, poco a poco, excluyendo y añadiendo, se habían convertido en personajes y en telón de fondo de la historia. Luego hablaba de la tradición en la que me había inscrito, de las novelas que me habían inspirado, ya fuera para la construcción de los personajes, ya para la orquestación de escenas sueltas, ya incluso para el esbozo de un gesto. Por último razonaba sobre el modo en que todo se había distorsionado, pero defendía las distorsiones por ser inevitables, planteaba mis razonamientos y los presentaba como una mediación necesaria.

Pero cuanto más entraba en materia, más se complicaba la verdad de la carta de presentación. Allí estaba yo, yo, yo. Allí estaba mi afán por exagerar los defectos, atenuar los méritos, y viceversa. Sobre todo entreví, creo que por primera vez, la zona nebulosa de lo que habría podido escribir en aquel libro, pero me dolía escribir y por eso no lo había hecho. Poco a poco me fui enredando y lo dejé estar.

No quiero decir que fue entonces cuando mi vena garabateadora encontró su salida. Han pasado muchos años desde aquel episodio, he hecho otras lecturas importantes, he escrito muchas otras cosas insatisfactorias. Pero me gustaría aventurar aquí que si hice cierto número de pequeños descubrimientos —quizá un tanto ingenuos, pero para mí fundamentales—, se lo debo a un imperativo estético menos severo (di las cosas dentro de los límites de lo posible), y a aquel borrador de carta autorreflexiva.

Enumero algunos.

Primer pequeño descubrimiento. Hasta ese momento siempre había escrito en tercera persona. La primera persona de aquella carta, precisamente porque cuanto más avanzaba más se enredaba, y cuanto más se enredaba más me involucraba, me pareció una novedad prometedora.

Segundo pequeño descubrimiento. Me di cuenta de que, en el proceso literario, la realidad tendía inevitablemente a reducirse a un rico repertorio de trucos, que, utilizados con habilidad, daban la impresión de que los hechos se reflejaban en la página tal como habían ocurrido, con sus connotaciones sociológicas, políticas, psicológicas, éticas, etcétera. En definitiva, todo lo contrario a tal como son las cosas. Se trataba de un juego de prestidigitación que, para tener éxito, debía fingir que nadie había narrado, nadie había escrito, y que lo real estuviese allí, reproducido de un modo tan perfecto que hiciera olvidar incluso los signos del alfabeto.

Tercer pequeño descubrimiento. Toda narración era siempre, inevitablemente, obra de un narrador o de una narradora que, por su naturaleza, por su conformación no podían ser más que un fragmento entre fragmentos de realidad, ya fuera que se agazaparan, ya fuera que se presentaran de modo sesgado, ya fuera que se fingieran el yo narrador, ya que apareciesen como autor o autora de todo el mecanismo literario, con su firma en la cubierta.

Cuarto pequeño descubrimiento. Casi sin darme cuenta, de aspirante a un realismo absoluto me había convertido en una realista desanimada que ahora se decía: puedo narrar el «allá fuera» solo si también me narro a mí misma que estoy «allá fuera» con todo lo demás.

Quinto pequeño descubrimiento. El proceso literario nunca sería capaz de someter de veras el torbellino de desechos que constituía lo real a ningún tipo de orden gramatical o sintáctico.

Fueron estas notas las que me llevaron a los libros que escribí a partir de la segunda mitad de los años ochenta, y que luego publiqué. Hace más de treinta años me dije: tratar de decir las cosas tal como son puede resultar paralizante, puesto que la suma de los innumerables fracasos y lo casual de los rarísimos éxitos puede llegar a convertirme en sorda, muda, nihilista; intentaré decirlas como pueda y, quién sabe, quizá tenga suerte y las diga tal como son. Y seguí adelante a fuerza de prueba y error. En principio, lo hice sobre todo para librar del vacío la mano que con maniática diligencia se empeñaba en querer escribir. Pero después me fui concentrando cada vez más. Puse a punto una narradora en primera persona que, sobreexcitada por los empujones casuales entre ella y el mundo, deformaba la forma que se había atribuido fatigosamente, y de aquellas magulladuras, distorsiones y lesiones extraía otras posibilidades insospechadas; todo ello mientras avanzaba siguiendo la línea de una historia cada vez menos controlada, tal vez ni siquiera una historia, tal vez una maraña, dentro de la cual no solo el yo narrador, sino también la propia autora, puro hacer escritura, se hallaba envuelta.

El amor molesto es esto: Delia, encerrada en los rasgos de la mujer culta, dura, independiente, se mueve con gélida determinación dentro de las reglas fijas de una pequeña historia «de misterio» hasta que todo —el propio género «de misterio»— comienza a desintegrarse. *Los días del abandono* es esto: Olga, encerrada en los rasgos de la mujer culta, esposa y madre, se mueve con atormentada destreza dentro de las reglas fijas de una pequeña historia de crisis conyugal, hasta que todo —el propio género «escenas de un matrimonio»— comienza a desintegrarse. Y sobre todo, esto es *La hija oscura*: Leda, encerrada en los rasgos de la mujer culta, divorciada, con hijas ya adultas, se mueve cómodamente dentro de las reglas fijas de una pequeña historia de terror hasta que todo —el propio género de «terror»— comienza a desintegrarse. En estos libros pulí la idea de que debía narrar un «allá fuera», dispuesto en un orden narrativo propio, que yo, sin permitir nunca que se viera, tenía el deber de transcribir en el gran pergamino de la literatura realista. Recurrí al almacén de la expresión literaria, del que tomé lo que me servía —géneros distintos, técnicas distintas, efectos y, por qué no, efectazos— sin trazar límites entre alto y bajo. No pasé a una voz narradora —nada de voz, nada de mímesis de voces—, sino a una primera persona femenina toda escritura que, al escribir, cuenta cómo en ciertas circunstancias se produjeron desviaciones, sacudidas imprevistas, saltos irregulares, capaces de socavar la solidez del tablero en el que ella se había enrocado.

Quiero insistir un poco en este último punto. El hecho de imaginarme a Delia, Olga, Leda como primeras personas que narran por escrito —a ellas pertenece la escritura que el lector tiene a la vista— fue importante para mí. Me permitió imaginar —insisto a propósito en este verbo— también a mi yo que escribe no como una mujer que entre sus muchas otras actividades se dedica a la literatura, sino como exclusivo proceso literario, una autora que, al generar la escritura de Delia, Olga, Leda, se genera a sí misma. Tuve la sensación de que de ese modo trazaba un perímetro de libertad dentro del que podía exhibir, sin autocensuras, capacidades e incapacidades, méritos y defectos, incurables desgarros y suturas, sentimientos y emociones oscuras. No solo eso: tuve la sensación de que podía sacar provecho de aquella doble escritura de la que ya les hablé. Es decir, intenté calibrar ambas escrituras, utilizando la más condescendiente para un lento desarrollo fingidamente realista y la más rebelde para desintegrar con su ficción la ficción de la primera.

De hecho, en esos tres libros empiezo siempre con una escritura de agregación, formada por coherencias, que construye un mundo con todos los andamios colocados en el lugar adecuado. Es una jaula sólida, que construyo con los efectos de realidad necesarios, con criptocitas de mitografías antiguas y modernas, con mi bagaje de lecturas. Luego llega —o al menos cuento con que llegue o lo espero— la escritura convulsa, desagregadora, que genera oxímoron, fea bella, bella fea, que despliega incoherencias y contradicciones. Esa escritura lleva el pasado al presente y el presente al pasado, confunde los cuerpos de madre e hija, derriba los roles preestablecidos, transforma el veneno del dolor femenino en un veneno verdadero que implica a los animales, los confunde con los humanos y los mata, transforma una puerta que funciona normalmente en una puerta que deja de abrirse y que luego se abre, vuelve amenazadores, dolientes, letales o salvíficos los árboles, las cigarras, el mar agitado, los broches, las muñecas, los gusanos de la arena.

Las dos escrituras me pertenecen y a la vez son de Delia, de Olga, de Leda. Escribo personas, espacios, tiempos, pero con palabras que me inducen personas, espacios, tiempos, en una vertiginosa mezcla de creadores y criaturas, de formas con formas. En fin, esa escritura es siempre el resultado aleatorio de cómo Delia, Olga, Leda están inscritas en el registro de las ficciones y de cómo yo, la autora —una ficción siempre inacabada, moldeada por años y años de lecturas, de afán de escribir y de casualidades—, invento y desordeno la escritura que las ha registrado. Diría que soy su autobiografía, del mismo modo que ellas son la mía.

Ahora, para concluir provisionalmente con el tema sobre lo poco que creo saber de esos tres primeros libros, he de añadir que Delia, Olga y Leda son imaginadas como mujeres que, por las vicisitudes de su vida, se han convertido en cuerpos rigurosamente cerrados. En el pasado tendieron puentes hacia lo otro de sí, pero no lo consiguieron y se quedaron solas. No tienen relaciones parentales vigentes, no tienen amigas, no se fían de maridos ni amantes, ni siquiera de sus hijos, ni se encomiendan a ellos. Se desconoce su aspecto físico porque nadie las describe. Sobre todo, son la única fuente de la narración. No hay forma de comparar su versión de los hechos con la versión de otros. Y para colmo, parece que se han acercado tanto a los hechos de su historia que ya no tienen una visión de conjunto, ya no saben de veras el sentido de su discurso. Yo las quise así. Escribí rechazando el distanciamiento canónico. Si ellas eliminaban la distancia de sus heridas, yo eliminaba la distancia de su dolor. Y me confundía a mí misma, autora, con la versión que daban del asunto, con su condición de aisladas, eludiendo —yo, la que escribía, también— el papel de la otra, la externa, de la que atestigua cómo ocurrieron realmente las cosas.

En *El amor molesto* y *Los días del abandono*, esta autorreclusión fue una elección estética consciente. Por ejemplo, ni Delia ni yo sabemos qué le pasó a la madre de Delia en la playa; por ejemplo, ni Olga ni yo sabemos por qué la puerta del apartamento de pronto deja de funcionar y de pronto se abre. Como Delia y como Olga, puedo aventurar algunas hipótesis, y como ellas debo conformarme con eso, no tenemos manera de comprobarlas.

Desde el punto de vista programático, *La hija oscura* es más radical. Leda realiza una acción —robar la muñeca— a la que nunca es capaz de dar sentido, ni siquiera al final. Y yo misma, Elena Ferrante, concebí mi escritura y la suya de modo tal que la condición de absoluto y concentrado aislamiento del discurso narrativo de ambas llegara a un punto de no retorno. Las dos nos vemos sencillamente empujadas hacia una especie de agotamiento, resumido en la frase final que Leda dirige a sus hijas: «Estoy muerta, pero me encuentro bien».

Durante unos años consideré *La hija oscura* un libro defini-tivo, o, en cualquier caso, el último que publicaría. Mi afán adolescente de realismo absoluto había quedado satisfecho. De pasaje en pasaje solo había seguido en pie un deseo de verdad que me llevaba a rechazar el naturalismo cronístico con sus pinceladas de dialecto, la bella escritura que dora la píldora, los personajes femeninos siempre dispuestos a le-vantar la cabeza y vencer. A raíz de haberlas narrado y ha-berme narrado a mí misma en el único modo que me pare-cía veraz, mis mujeres habían desembocado sin que yo lo quisiera —insisto: no se narra sin los empujones de los de-más; este viejo principio se ha mantenido bien firme— en una especie de solipsismo sin el cual, sin embargo, veía, para mí, autora, solo una regresión a historias inauténticas.

Después, de modo por completo ocasional, volví a un li-bro que leí en cuanto Feltrinelli lo publicó en 1997 o 1998, *Tu che mi guardi, tu che mi racconti* («Tú que me miras, tú que me narras»), de Adriana Cavarero. Aquella primera lec-tura no me había hecho bien; al contrario, había debilita-do mi confianza en el camino que había emprendido con *El amor molesto*, aunque el análisis del impulso femenino por narrarse y el deseo de ser narradas me pareció muy apasionante. O al menos así lo recuerdo. No obstante, ahora no quiero hablar de aquella primera lectura, sino de la segunda.

Intentaba superar el callejón sin salida de *La hija oscura* esbozando una nueva historia de madres e hijas, una historia desbordante que, según mis intenciones, debía extenderse a lo largo de sesenta años, cuando volví al libro de Cavarero. Me pareció un libro nuevo, como si nunca lo hubiese leído, hasta en el uso que hace de Karen Blixen y del cuento de la cigüeña, relatado en *Memorias de África*. Pero lo que avivó mi imaginación fue una expresión: «la otra necesaria». La frase da título a todo un capítulo, va precedida por un diálogo articulado con Hannah Arendt, bordea el tema del narcisismo, y al final llega a la siguiente definición:

El otro necesario [...] es un finito que sigue siendo irremediablemente otro en todo lo insustituible, frágil y no juzgable, de su existencia.

Recuerdo que aquello me sacudió. Me pareció que necesitaba ese «otro» para salir de los tres libros anteriores y, no obstante, seguir dentro de ellos.

Quiero, sin embargo, proceder con orden. Entre los muchos libros que Cavarero utilizaba para desarrollar su argumentación, en un momento dado introducía *Non credere di avere dei diritti* («No creas que tienes derechos»), texto muy importante del feminismo italiano, preparado por la Libreria delle Donne de Milán. De él extrapolaba una breve historia de amistad. Se trataba del encuentro entre Emilia y Amalia en el marco de los años setenta y de la escuela de las ciento cincuenta horas, una conquista sindical que había dado origen a unos cursos trienales de contenido profesional y no profesional, de los que podían beneficiarse trabajadoras y trabajadores que habían abandonado los estudios. Amalia era una magnífica narradora natural y, al principio, encontraba a Emilia aburrida, porque siempre contaba las mismas cosas. Pero después, a fuerza de leerse mutuamente los ejercicios que hacían para el curso, Amalia había prestado más atención y se había interesado por la escritura fragmentada de Emilia. Y como Emilia apreciaba hasta las lágrimas lo buena que era Amalia, esta se sintió en la necesidad de escribir los hechos de la vida vivida por su amiga y regalarle el texto. Un regalo del que Emilia no se separaría y, que conmovida, llevaría siempre en el bolso.

Yo había leído *Non credere di avere dei diritti* hacía muchos años, pero no me había fijado en Emilia y Amalia. Sin embargo, Cavarero sacaba aquellas tenues figuras de mujeres de las dos paginitas en las que se las describía y hablaba de ellas con gran inteligencia y sensibilidad. Escribía sobre el «carácter narrativo de las amistades femeninas». Escribía —fíjense bien—, sobre «el cruce de narraciones autobiográficas que se aseguran, al mismo tiempo, el resultado de un uso y disfrute biográfico recíproco». Escribía: «Funciona aquí [...] un mecanismo de reciprocidad por el cual el yo narrable de cada una pasa a la autonarración para que la otra conozca una historia que, a su vez, puede contar a otros y a otras, claro, pero sobre todo puede contar de nuevo a quien la protagoniza». Sintetizaba: «Dicho de forma sencilla: yo te cuento mi historia para que tú me la cuentes a mí». Me entusiasmé. Era lo que yo intentaba plasmar, de modo mucho más sencillo, en mi borrador de novela interminable, centrada en dos amigas que entrelazaban los relatos de sus vivencias, de modo menos edificante que Emilia y Amalia.

Retomé *Non credere di avere dei diritti*. Las páginas en las que aparecían Emilia y Amalia resultaron importantes para la historia en la que yo estaba trabajando. Localicé un pasaje que Cavarero no había citado directamente, pero que desbocó mi imaginación. En un momento dado, Amalia, la buena narradora, decía de Emilia: «Esa mujer entendía realmente las cosas, escribía muchas frases separadas entre sí, pero muy verdaderas y profundas» (Rosenberg & Sellier, 1987). Enseguida me gustó aquel «realmente». Me gustó aquel «verdaderas y profundas». Noté en Amalia, que disfrutaba escribiendo y se consideraba buena, una admiración incontenible por los intentos de escritura de Emilia. Incluso creí percibir un sentimiento como la envidia ante un resultado que, pese a ser buena, Amalia sabía que no era capaz de conseguir.

Empecé a exagerar, como suele ocurrirme. Cavarero escribía: «No conocemos las paginitas adoradas que Emilia guardaba en su bolso». Pero no se amargaba ni por la pérdida del texto de Amalia ni mucho menos por la pérdida de los fragmentos de Emilia, que calificaba de «torpes intentos autobiográficos». Con un buen motivo: su investigación tendía a subrayar los efectos positivos de la amistad narrativa entre dos mujeres, no se ocupaba de las dinámicas entre los textos. Yo sí me amargué por no disponer de aquellos textos, los intuía próximos a mis problemas de narradora, porque sabía bien qué es una escritura diligente y qué una escritura desbordada. Y fantaseaba, pensaba que si al menos hubiese tenido el texto de Amalia, habría sido capaz de identificar en él los arrebatos de las frases verdaderas y profundas de Emilia. En este momento estoy casi segura de que aquellas fantasías me llevaron a la dinámica entre la escritura de Lena y la escritura de Lila. De hecho, me había bastado con leer las palabras de admiración de Amalia y enseguida —debo confesar— las «frases separadas» de su amiga se habían convertido en «escritura verdadera», la escritura que llega por impulso (Dante la habría definido como «casi como movida por sí misma») y que más tarde acaba bellamente encerrada entre las líneas rojas de algún cuaderno. En fin, imaginé que con su saber escribir bien Amalia había domesticado los fragmentos de Emilia y que precisamente esa domesticación había hecho feliz a Emilia, la otra necesaria.

A estas alturas debo decir que Cavarero no utiliza esa fórmula con Emilia, sino que lo hace con Alice B. Toklas, la persona cuya autobiografía —fíjense bien, autobiografía, no biografía— escribe Gertrude Stein. Pues bien: decenas de años antes yo había leído mal *Autobiografía de Alice B. Toklas*, muy mal. La releí en la época en que estuve escribiendo mi largo borrador a partir de las páginas que le dedicaba Adriana Cavarero. Y quiero decirles que, de jovencita, no había entendido nada; *Autobiografía de Alice B. Toklas* es un libro maravilloso, fundacional, por su estructura, por su ejecución. Les transcribiré algunas de las frases de Cavarero que me impulsaron a volver a mirar dentro de ellas. Son estas:

El género autobiográfico y el género biográfico se superponen. [...] Gertrude escribe la historia de su vida haciendo que la cuente otra: Alice, su amiga y conviviente, su amante [...]. El gigantesco egotismo de Gertrude Stein consigue crear así una ficción literaria de historias entrecruzadas donde ella misma destaca y donde Alice, sin embargo, aparece como la otra que la mira y la otra que la narra…

Es probable que partiendo de aquí me resultara más clara la relación entre Lenù y Lila, entre sus escrituras. Y es probable que partiendo de aquí empezara a pensar que sería capaz de salir de Olga, de Delia y, sobre todo, de Leda, trabajando en una especie de recíproca alteridad necesaria, es decir, narrando un vínculo entre dos personas tan unidas entre sí como irreductibles entre sí.

En esta dirección me impulsó con mayor motivo la relectura de la *Autobiografía*. Tenía la impresión de que ese libro había salido tan bien porque en la escritura —y tal vez también en la realidad— el egotismo de Gertrude, como lo llama Cavarero, se realiza a través de una doble función: la de la autora, Gertrude Stein, que firma el texto, y la del personaje al que la autora atribuye su nombre, Gertrude Stein, impreso en la cubierta. Pero cuidado: si leen o releen el libro, sigan el desarrollo, línea a línea, de Alice Toklas. En su calidad de yo narrador, ella destaca con lujo de detalles. No es casualidad que en las espléndidas líneas finales, cuando Gertrude, al ver que su amiga no se decide, prometa escribir la autobiografía de Alice, promesa que queda así formulada en la traducción de Pavese: «La scriverò come Defoe scrisse l'autobiografia di Robinson» («La escribiré del mismo modo que Defoe escribió la autobiografía de Robinson Crusoe»).* Es decir, mi querida amiga-amante-esposa, te trataré de la única manera en que es posible escribir la autobiografía de otro: haciendo una ficción en primera persona, tu primera persona de protagonista, una Robinson, desde luego no una Viernes. Por lo demás, aunque es la esposa y la elegida para escribir sobre las esposas de los genios, ¿cómo podría Alice, en la economía del texto, sin la talla literaria necesaria, reconocer y representar con verosímil habilidad no solo a las esposas de los genios —algo que, por lo demás, hace muy bien—, sino también a una esposa genial, Gertrude, narrada en tercera persona entre varones geniales?

Quiero acabar citando un párrafo famoso en el que Alice escribe sobre la primera vez que vio a Gertrude:

> Lo que más me impresionó fue el broche de coral que llevaba y su voz. Debo decir que en mi vida solo he conocido a tres genios, y en las tres ocasiones sonó una campanilla dentro de mí y no me equivoqué, y debo decir que en los tres casos ocurrió antes de que consiguieran la consideración general de genios. Los tres genios de quienes quiero hablar son Gertrude Stein, Pablo Picasso y Alfred Whitehead.

---

* Esta y la siguiente citas de *Autobiografía*, de Gertrude Stein: trad. de Andrés Boch, Barcelona, Lumen, 2016.

Subrayo aquí solo una cosa. Me pareció maravilloso que una mujer, la mujer cuya firma salía en la cubierta, se definiera audazmente, por boca de su «otra necesaria», como genio y, al mencionarse junto a dos hombres, se colocase en primer lugar. Me pareció de un descaro inigualable y me eché a reír, fue una risa de simpatía. No puedo jurarlo, pero creo que desde aquel instante, tras haber puesto durante un tiempo a mi cartapacio el título de *La amiga necesaria*, pasé después a titularlo *L'amica geniale*.* Pero a esto me referiré en la próxima ocasión.

* *La amiga estupenda* en la edición de Lumen.

Historias, yo

Señoras y señores:

Comenzaré nuestro último encuentro proponiéndoles un breve poema de Emily Dickinson que habla de historia y de brujas. Lo haré para retomar el tema de la última vez, cuando me refería a *La amiga estupenda* y a la escritura que estimula y pone en marcha otra escritura. Son pocos versos:

La brujería fue ahorcada, en la Historia,
pero la Historia y yo
encontramos toda la brujería que necesitamos
a nuestro alrededor, a diario.

Quiero explicarles qué me ha gustado siempre de este puñado de palabras: esa «y» que, con orgullo, enlaza «la Historia y yo». En el primer verso encontramos el relato escrito que llamamos Historia, el que ha llevado a la horca el arte de las brujas. En los otros tres versos, introducidos por la adversativa *pero*, está el yo, el yo que se une con el relato del pasado y así, a diario, gracias a esa unión con la Historia, encuentra a su alrededor todas las artes de las brujas que necesita.

Desde hace algunas décadas, esta ha sido más o menos mi lectura de ese poema. La referencia a las brujas me llevaba a fantasear, me entusiasmaba que, de la escritura que había sofocado los hechizos, un yo femenino sacara una escritura que, en caso necesario, volviera a ponerlos en práctica en la vida cotidiana fusionando personas y cosas tenidas por inconfundibles. Por ello, seguramente, entre las fascinaciones que me llevaron a *La amiga estupenda* debo incluir también, hablando hoy con ustedes, la imagen que esos versos me han evocado siempre, la de una mujer que se sienta a la mesa y escribe como desafío, casi como rendición de cuentas: «la Historia y yo», y con ese enfoque da comienzo a toda prisa a una sarta de palabras que extrae, de la escritura enemiga del arte de las brujas, un relato que recurre a ese arte. Creo que, con el tiempo, he dado a esa figura de mujer una postura contemporánea mientras la veía escribir —la frente arrugada y la mirada intensa— en el ordenador en un apartamento de Turín, tratando de inventarse a otras mujeres, madres, hermanas, amigas —una amiga-bruja— y lugares de Nápoles, y pequeñas vivencias y penas de parientes y conocidos, y los últimos sesenta años de Historia, sacándolos de los muchos textos en los que ya habían sido puestos por escrito. La sentía auténtica, de una verdad que me atañía.

Antes de proseguir, permítanme que vuelva a Gertrude Stein y a su *Autobiografía de Alice B. Toklas*. Quiero señalar algunos aspectos más, para mí especialmente importantes, sobre el tema de la escritura estimulada por otra escritura y que, si sale bien, encuentra su verdad.

La auténtica «vida viva», como la llamaba Dostoievski, es para quien escribe una obsesión, un tormento. Inventamos ficciones con mayor o menor habilidad no para que lo ficticio parezca verdad, sino para llegar a expresar con absoluta fidelidad la verdad más inenarrable a través de las ficciones. Gertrude Stein tachaba a Hemingway de bribón y cobarde, *yellow*, lo llamaba. Y lo hacía porque en su opinión, en lugar de contar la historia del Hemingway verdadero, escritura que le habría permitido crear, sin lugar a duda, una gran obra, Ernest se limitaba a escribir «confesiones» (así las llamaba ella), confesiones convenientes, confesiones, insistía, adecuadas para impulsar su carrera.

Dejemos a un lado el arte de decir maldades con tono bondadoso, ampliamente presente en la *Autobiografía*. La alegación de fondo de Gertrude Stein no es: Hemingway trata de decir la verdad, pero monta unas confesiones falaces. La alegación es: Hemingway, que podría utilizar su talento para escribir sobre su verdadero yo, nos ofrece un producto literario bien hecho, de éxito, pero que, por motivos oportunistas, es mentiroso. A estas alturas la pregunta que de ello se deriva solo puede ser: si Hemingway, que podría escribir provechosamente la historia del Ernest verdadero, se limita a inventar «confesiones» útiles para su carrera, ¿qué hace Stein para no ser culpable del mismo pecado y escribir sobre la Gertrude real?

Les expongo mi idea. Stein no se limita a escribir sobre su propio estar en el mundo manteniéndose dentro de una forma literaria fácilmente gestionable, esa que ella, de un modo un tanto expeditivo, denomina «confesiones». Tampoco se limita, como sabe hacer bien, a dotarse de un estilo, es decir, a imponer su propio tono a las palabras y las frases. Lo que hace es tomar un género muy estructurado como la autobiografía y lo deforma. He ahí su diversidad. Dickinson tal vez diría: este es su arte de bruja. Stein introduce la realidad de Alice, la que consta en el registro civil, la suya propia y la de otros, la materia biográfica de Alice, la suya propia y la de otros, no dentro de una forma literaria fácilmente gestionable, sino dentro de la ficción de una forma literaria fácilmente gestionable, por lo tanto, dentro de una forma que, precisamente por ser falsa, puede y debe ser deformada.

Reflexionen simplemente sobre lo que se ve en la cubierta de *Autobiografía de Alice B. Toklas*. En apariencia, allí se remite con ironía a los efectos de verdad que la novela perseguía en sus orígenes, fingiendo ofrecer a los lectores no historias inventadas, sino verdaderos relatos de viajes a los infiernos, verdaderos manuscritos descubiertos, verdaderos epistolarios, verdaderos diarios. Ciñéndose a la aplicación de ese viejo mecanismo, Gertrude Stein debería presentarnos como verdadera la autobiografía inventada de un personaje de su creación. Sin embargo, el mecanismo recibe un golpe que lo deforma. Gertrude Stein, la persona real, se proclama autora, repito, autora de una autobiografía escrita por Alice Toklas, persona no inventada sino real, en la que el yo autobiográfico cuenta, en su mayor parte, no sobre sí misma sino sobre otra, es decir, la propia Gertrude Stein, genial persona real.

Alguien dirá, entonces, que solo se trata de «un raro subterfugio». Pero eso es de un reduccionismo mezquino. Stein está más bien mostrando que escribir sobre la verdadera Gertrude no es solo escribir con veracidad, sino que implica actuar con fuerza sobre los grandes contenedores de la escritura literaria, sobre las formas que en ese momento parecen las más cómodas, las más bellas, pero que son, sin embargo, una trampa mortal para nuestra intención de escribir «verdaderamente». A fin de hacerlo, trata al yo que escribe sobre sí mismo —Alice B. Toklas, la fuente de la verdad biográfica— como una ficción, como una señora cuya «vida y opiniones» hay que contar en forma de autobiografía, como un Huckleberry Finn en la pluma de Mark Twain. Pero, una vez hecho esto, introduce un vertiginoso elemento que altera la ficción haciendo que irradie de la Alice verdadera. Toklas es la dactilógrafa real de los textos de Stein, la que la ayuda a corregir los borradores. Y por ello, como se dice en el texto, es la lectora que conoce más a fondo la escritura de Stein. En efecto, en la ficción, Alice da la impresión de corregir, añadir, aclarar, glosar continuamente, hasta el punto de que la falsa autobiografía parece un texto escrito por ambas mujeres en la realidad, la una al lado de la otra, una dicta, la otra se sienta delante de la máquina de escribir, van haciendo pausas, recordando, reflexionando.

Es esta manera de poner patas arriba la relación tradicional entre historia inventada, verdad autobiográfica y verdad biográfica lo que convierte el libro de Stein en una gran lección para el yo que quiere escribir, seguramente una lección más estimulante hoy que la que podemos extraer de los libros de Hemingway. El pecado de Ernest consiste en hacerlo bien respetando con prudencia las reglas de un antiguo juego archiconocido; el mérito de Gertrude radica en hacerlo bien siguiendo el antiguo juego archiconocido, pero para desbaratarlo y para que funcione con arreglo a sus propios fines.

Naturalmente la cuestión Stein-Hemingway lleva consigo un problema sustancial: bribonería o no, cobardía o no, carrera o no, escribir con veracidad es realmente difícil, tal vez imposible. En *Memorias del subsuelo*, Dostoievski pone en boca de su terrible protagonista:

> Hemos perdido la costumbre de la vida hasta tal punto que a veces sentimos una suerte de asco por la vida verdadera, y por eso nos sienta mal el que nos la recuerden. Hemos llegado a considerar la *vida viva* como un trabajo, casi como un empleo, y todos somos en nuestro interior del parecer que es mejor vivir en los libros.*

Quienquiera que tenga ambiciones literarias sabe bien que es de la «vida viva» de donde provienen los pequeños y grandes motivos que impulsan a la mano a escribir: el afán de contar la pena de amor, la pena de vivir, la angustia de la muerte; la necesidad de enderezar este mundo torcido; la búsqueda de un nuevo *ethos* que nos remodele; la urgencia de dar voz a los postergados, de desenmascarar al poder y sus atrocidades; la necesidad de profetizar desgracias pero también de idear futuros mundos felices. Así, una buena mañana, se me remueve algo por dentro, aunque solo sea un agravio causado a mi madre, y es entonces cuando asoma el yo que se muere de ganas de escribir y me pongo a anotar las primeras líneas de un relato. Enseguida, a mi

* Trad. de Rafael Cansinos Assens, en *Obras completas*, Madrid, Aguilar, 1982.

alrededor se agolpa una larga tradición de relatos ajenos, parecidos al mío, que me conmovieron o indignaron, sin contar la lengua de los libros, los periódicos, las películas, la televisión, las canciones, así como un cúmulo de buenos trucos para meter la «vida viva» dentro de la escritura, todo eso aprendido casi sin darme cuenta. Me sale de forma natural insertar mis confusas vivencias en ese formulario. Y es un momento bonito. Si me va bien, si tengo algo de talento, me salen frases dentro de las que me parece que mis cosas se expresan tal como debe ser. Acto seguido me diré con soberbia: fíjate, esta es mi voz, con esta voz mía cuento mi vida viva. También me lo dirán otras personas, y yo misma buscaré cada vez ese tono mío, y si no llega, temeré haberlo perdido, y si llega, enseguida temeré haberlo desgastado.

¿Lo han oído? Mío, mío, mío. Cuánto repetimos este adjetivo posesivo. En realidad, respecto a la escritura, el gran paso adelante consiste en descubrir justo lo contrario: que aquello que triunfalmente consideramos nuestro pertenece a los demás. Los intercambios con el mundo sí que son, en todo momento, del todo nuestros. Pero las palabras —la forma escrita en que las encerramos atendiendo a los márgenes rojos de nuestros cuadernos— no. Hay que aceptar el hecho de que ninguna palabra es nuestra. Hay que renunciar a la idea de que escribir es la milagrosa emisión de una voz propia, un tono propio: en mi opinión, esta es una manera desganada de hablar de la escritura. Por el contrario, escribir es entrar cada vez en un vasto cementerio donde todas las tumbas esperan ser profanadas. Escribir es acomodarse en todo lo que ya se ha escrito —la gran literatura y la de consumo, si sirve, la novela-ensayo y la adaptada a la pantalla y a la escena— y, dentro de los límites de la propia individualidad vertiginosa y abarrotada, hacerse al mismo tiempo escritura. Escribir es apoderarse de todo lo que ya se ha escrito y poco a poco aprender a gastar esa enorme fortuna. No debemos dejarnos halagar por quien dice: ahí va una que posee su propio tono. En la escritura todo lleva más bien una larga historia a la espalda. Incluso mi insurrección, mi desbordamiento, mi desazón forman parte de un ímpetu que me precede y que va más allá de mí. Por ello, cuando hablo de mi yo que escribe, de inmediato debería añadir que estoy hablando de mi yo que ha leído, aun cuando se ha tratado de una lectura distraída, la más insidiosa de las lecturas. Y debería subrayar que cada libro leído llevaba en su interior multitud de otras escrituras que consciente o inadvertidamente he aprehendido. En definitiva, escribir sobre las propias alegrías y heridas y sobre el sentido del mundo implica escribir de todos modos, siempre, sabiéndose fruto bueno o malo de encuentros-desencuentros, buscados y ocasionales, con lo ajeno. El mayor error del yo que escribe, la mayor ingenuidad es la robinsonada: es decir, imaginarse como un Robinson que se contenta con su vida en la isla desierta y finge que los bártulos que sacó del barco no contribuyeron a su éxito; o como un Homero que no se confiesa a sí mismo que trabaja con materiales de elaboración y transmisión oral. Nosotros no hacemos, sino que rehacemos «vida viva». Y entonces, en cuanto nos damos cuenta, si no somos cobardes, buscamos desesperadamente la manera de decir la auténtica «vida viva».

La escritura es, en definitiva, una jaula en la que nos metemos enseguida, desde la primera línea que escribimos. Se trata de un problema que han abordado con sufrimiento, diría que con angustia, precisamente quienes han trabajado en él con el mayor empeño e implicación. Ingeborg Bachmann, por ejemplo, se esforzó toda su vida en «decir verdaderamente». En sus conferencias de Frankfurt, 1959-1960, habló de la pluralidad del yo que escribe (la cuarta justo lleva por título «El yo que escribe»), del riesgo permanente de la falsedad, y lo hizo de un modo todavía hoy necesario para quien ama la literatura. En su quinta conferencia figura un precepto para mí de gran valor. Escuchen:

[...] tenemos la obligación de esforzarnos con esta mala lengua que nos encontramos en aras de esa otra lengua que no ha regido todavía, pero que rige nuestra intuición y que así imitamos.*

Hago hincapié en la frase: tenemos la obligación de esforzarnos con esta mala lengua. Y lo hago antes de proponerles otra cita, un pasaje tomado de una de sus entrevistas de 1955, que se me quedó muy grabado y que reutilicé a menudo adaptándolo a mí como hice, por otra parte, con muchas otras palabras suyas. Así contesta al entrevistador que le pregunta sobre la lengua complicada y abstracta de la poesía contemporánea:

> [...] creo que las antiguas imágenes, como las que usaron Mörike o Goethe ya no se pueden utilizar, ya no se deben utilizar, porque en nuestra boca no sonarían auténticas. Tenemos que encontrar frases verdaderas, acordes con el estado de nuestra propia conciencia y con este mundo, que ha cambiado.**

* En *Frankfurter Vorlesungen: Probleme zeitgenössischer Dichtung* («Conferencias de Frankfurt: Problemas de la poesía contemporánea»). Todas las citas de Bachmann han sido traducidas por Isabel García Adánez.

** En *Wir müssen wahre Sätze finden. Gespräche und Interviews* («Tenemos que encontrar frases verdaderas. Conversaciones y entrevistas»).

Como ven, existe la presión del mundo que cambia; existe la conciencia, que registra sus golpes; existe una lengua que pide poder; existe el yo que escribe, que la intuye, y trata de transformar esa intuición en frases verdaderas. Pero el hecho es que no podemos prescindir de las viejas imágenes, de la mala lengua. Nos topamos con ellas, están. ¿De dónde extraeremos las nuevas imágenes, la buena lengua? Nuestra escritura solo puede trabajar sobre la escritura existente —falsa en nuestros labios aun cuando sea de Mörike, de Goethe— si quiere conseguir lo que todavía no está. Pero ¿trabajar cómo? Veamos un último párrafo de la primera conferencia de Frankfurt de Bachmann:

> Calidad posee, de vez en cuando, un poema de algún autor corriente, un buen relato, una novela interesante, inteligente, eso sí que se da; no es que estemos faltos de gente que sabe hacer cosas, hoy en día tampoco, y se dan aciertos casuales o casos extraordinarios, alguna rareza al margen que, personalmente, nos pueden gustar. Y, sin embargo, la dirección, la manifestación de una problemática constante, un universo inconfundible en sus palabras, sus personajes y sus conflictos es lo único a partir de lo cual podemos concluir que un poeta es imprescindible.

Es así, es trágicamente así. Sometido a los empujones del mundo, cualquiera puede hacer algo bueno con la escritura, pero un poeta solo es de veras imprescindible cuando en su obra reconocemos un único e inmodificable universo de palabras, figuras, conflictos. Sin embargo, cuando se trabaja con la mala lengua, con las palabras falsas heredadas, resulta muy difícil decir dónde y cómo se impuso y se desarrolló ese universo verdadero, tan logrado. A lo largo de los años he cambiado de idea a menudo. Pero nunca he dejado de dar importancia a la escritura heredada, esa de la que está hecho el yo que escribe, le guste o no. Tampoco he subestimado nunca la casualidad que pone en marcha la mano que escribe, cuando va en busca de dones precisamente en la «mala lengua». Coincido con Bachmann en que es justo establecer la diferencia entre un bello poema, un buen relato, una novela interesante, inteligente, de un autor corriente, y la obra de un autor o autora imprescindible. Es una diferencia fundamental para el destino de la literatura. Pero, en primer lugar, tiendo a imaginarme que la persona común y la fuera de lo común proceden del mismo terreno: la escritura literaria con sus catedrales, sus capillas rurales, sus tabernáculos en oscuros callejones; y en segundo lugar, que el azar —la mano que hurga en la bolsa y extrae palabras— no desempeña un papel distinto ya se trate de obritas o de grandes obras. Las frases verdaderas, buenas o excepcionales, siempre buscan su camino entre las frases hechas. Y las frases hechas fueron alguna vez frases verdaderas que se abrieron camino dentro de las frases hechas. Esta cadena de obritas y grandes obras, en cada eslabón grande o pequeño, está hecha de trabajo arduo e intuiciones casuales, esfuerzo y suerte. El camino de Damasco es el de las iluminaciones, pero no está bien señalizado para encontrarlo. Es un camino como otro cualquiera en el cual, mientras quien lo recorre suda y se desloma, la casualidad puede llevarlo a encontrar otro sendero posible.

Entonces ¿no puede darse el proceso literario si no se inscribe en el gran pergamino de la escritura? Sí, puede darse. La escritura tiene que vérselas inevitablemente con otra escritura y es del terreno de lo que ya ha sido escrito del que procede un librito notable o el gran libro que muestra la dirección y construye un universo único de palabras, figuras y conflictos.

Si esto es cierto en el caso del yo masculino que escribe, lo es aún más en el del yo femenino. Una mujer que quiere escribir debe vérselas, inevitablemente, no solo con todo el patrimonio literario del que se ha alimentado y en virtud del cual quiere y puede expresarse, sino también con el hecho de que ese patrimonio es en esencia masculino, y por su naturaleza no prevé frases femeninas verdaderas. De los seis años en adelante, mi yo hecho de escritura ha rumiado fundamentalmente escritura masculina considerándola universal, de allí nace mi propia vena garabateadora. No solo eso. Además, ese yo femenino alimentado de escritura masculina ha tenido que introyectar que le correspondía —que era adecuada— una escritura de mujeres hecha por mujeres, menor en sí misma por ser apenas frecuentada por los varones, más aún, considerada por ellos como algo de mujeres, es decir, no esencial. En mi vida he conocido a hombres muy cultos que, de hecho, nunca habían leído a Elsa Morante, a Natalia Ginzburg o a Anna Maria Ortese, sino que jamás habían leído a Jane Austen, a las hermanas Brontë, a Virginia Woolf. Y yo misma, de jovencita, deseé eludir por todos los medios la escritura hecha por mujeres, sentía que mis ambiciones apuntaban mucho más alto.

Quiero decir que nuestro yo —el yo femenino que escribe— ha tenido ante sí un arduo recorrido, todavía se está abriendo camino, quién sabe durante cuánto tiempo más seguirá haciéndolo. En cuanto tratamos de escribir algo, además de todos los problemas relativos a la insuficiencia de la escritura que he intentado enumerar, se suma el hecho de que ni siquiera una paginita, espléndida o en bruto, relata de veras hasta el fondo nuestra verdad de mujeres, es más, a menudo no la cuenta en absoluto. Se advierte un excedente que se escapa, para el que haría falta un contenedor adecuado, pero si la cosa sale bien, solo se encuentra uno compatible. Escuchen estos versos de la poeta mexicana María Guerra:

Perdí un poema.
Estaba escrito ya
listo en la hoja
para formar el libro,
inútilmente lo he buscado.
Era un poema
*con vocación de viento.**

Eso mismo ocurre con nuestros esfuerzos de escritura: las palabras están listas «para formar el libro» —dice María Guerra— y, sin embargo, no caben en él, se salen de los márgenes, se pierden en el viento.

De jovencita me parecía que ese era el estado de las cosas. De jovencita sentía que era demasiado exuberante, que me excedía. No era solo una cuestión referida a la escritura. La oralidad también estaba por fuerza encerrada en discursos de mujer; o en las frases tenidas por pronunciables, con el debido tono mujeril, en el diálogo con los varones; o encerrada en las palabras que eran obscenamente de ellos, y nosotras nos las repetíamos sonriendo, pero también con disgusto. Lo demás era silente, jamás conseguíamos expresarnos con plenitud. Recurríamos al italiano hablado según la falsa oralidad de la radio y la televisión, pero nada.

* *Vocación de viento*, Ciudad de México, Ediciones del Ermitaño, 2013.

El dialecto tampoco nos ayudaba. Siempre había algo que no funcionaba, que incomodaba.

Con el dialecto he tenido problemas, nunca he logrado convencerme de que permitiera más verdad que el italiano escrito. Italo Svevo, que por boca de Zeno Cosini consideraba una mentira toda confesión escrita en ítalo-toscano, creía que las cosas podían salir mejor en triestino. Durante mucho tiempo yo también lo creí y trabajé mucho en ello. Amo mi ciudad; me parecía que Nápoles no podía narrarse sin su lengua. Escribí en dialecto pasajes importantes de *El amor molesto* e incluso de *La amiga estupenda*, pero al final los borré o los transformé en un italiano con entonación napolitana. Y eso porque en cuanto el léxico y la sintaxis dialectales entran en la escritura se me antojan todavía más falsos que el italiano. La transcripción debería ser una mímesis eficaz de la oralidad; sin embargo, a mi oído le suena como una traición. Además, una vez escrito, el napolitano parece esterilizado. Pierde pasión, pierde afectos, pierde la sensación de peligro que, con frecuencia, me ha comunicado. En mi experiencia infantil y adolescente fue la lengua de la bruta vulgaridad masculina, la lengua de la violencia con la que me increpaban en la calle, o bien al revés, la lengua almibarada con la que se engatusaba a las mujeres. Una emoción mía, naturalmente, parte de mis desventuras personales. Poco a poco me pareció eficaz utilizarlo en el proceso literario, no como una costumbre del relato realista, sino como un arroyo subterráneo, una entonación dentro de la lengua, una acotación, una molestia de la escritura que irrumpe de golpe con unas pocas palabras, a menudo obscenas.

El desafío —pensaba y pienso— consiste en aprender a utilizar con libertad la jaula en la que nos encontramos encerradas. Se trata de una dolorosa contradicción: ¿cómo utilizar con libertad una jaula, ya sea esta un género literario sólido o costumbres expresivas consolidadas o incluso la lengua misma, el dialecto? Me parecía que la de Stein era una respuesta posible: adaptándose y deformando. ¿Mantener la distancia? Sí, pero solo para acercarse luego lo más posible. ¿Evitar el puro desahogo? Sí, pero para desahogarse luego. ¿Tender a la coherencia? Sí, pero para ser luego incoherentes. ¿Pasar a limpio una y otra vez hasta que las palabras dejen de estar en conflicto con los significados? Sí, pero para obtener luego un borrador. ¿Cargar los géneros de las expectativas canónicas? Sí, pero para defraudarlas después. En definitiva, habitar las formas para luego deformar todo aquello que no nos contiene por completo, que de ninguna manera puede contenernos. Me parecía fructífero que las mentiras adornadas del gran catálogo literario presentaran baches y grietas, chocaran entre sí. Confiaba en que brotase una verdad inesperada, sorprendente, sobre todo para mí.

Procedí de este modo, en especial con las dos últimas obras que publiqué: *La amiga estupenda* y *La vida mentirosa de los adultos*. No sé si son o no libros logrados, no lo sé respecto de ninguno de mis libros. Sé sin embargo que, mucho más que las tres primeras, en el centro de estas dos últimas obras está el narrarse y el narrar de las mujeres. Si en los otros textos las protagonistas escribían para sí mismas — impulsadas por sus heridas ocultas escribían autobiografías, diarios, confesiones—, ahora que el yo narrador tiene amigas, el esfuerzo ya no consiste en escribir para una misma sobre los intercambios con el mundo, sino en narrar a las otras, ser narrada, en un juego complejo de identificación y extrañamiento.

En *La amiga estupenda*, el relato de la escritura —de la escritura de Elena, de la escritura de Lila y, de hecho, de la escritura de la propia autora— es, según mis intenciones, el hilo que mantiene unido todo el encuentro-desencuentro de las dos amigas y con él, la ficción del mundo, de la época en la que ellas actúan. Fui en esa dirección porque en los últimos años me he convencido de que el interior de cada narración siempre debería contener también la aventura del escribir que le da forma. En consecuencia, intenté relatar una historia cuya estructura se basara en el hecho de que desde niñas ambas protagonistas tratan de doblegar a su voluntad el mundo hostil que las rodea mediante la lectura y la escritura. Compran el primer libro de su vida con el dinero sucio de un camorrista. Lo leen juntas y planean escribir uno a cuatro manos para hacerse ricas y poderosas. Pero Lila rompe el pacto y escribe en solitario su libro infantil, con una escritura que impresionará de tal modo a Lenù que la llevará a pasarse el resto de su vida tratando de adaptar esa escritura a la suya propia.

Les he hablado ya de las dos escrituras, la diligente y la desbordada, que conozco y todavía no manejo bien. Les he hablado ya de la fascinación que me produjeron Cavarero, Emilia y Amalia, Toklas y Stein, Dickinson, Bachmann. Todo esto —y más cosas que no tengo tiempo de contarles— contribuyó a poner en marcha a Lenù, que quiere adaptar el talento convulso de Lila a su diligencia, y a Lila, que incita a su amiga, plasma su existencia, le exige cada vez más.

El yo que escribe y publica es el de Lenù. A lo largo de *La amiga estupenda*, de la escritura extraordinaria de Lila solo sabremos lo que Lenù nos resume. O lo poco que asoma en la escritura de esta última. En un momento dado me dije: debes plasmar párrafos de las cartas o los cuadernos de Lila. Pero no me pareció coherente con la rebelde subordinación de Lena, con su autonomía seducida que, en un proceso tan complejo como contradictorio, tiende a absorber a Lila debilitándola y a reforzar a Lila absorbiéndola. Y por otra parte, cuando el libro estaba avanzado me pregunté: yo, que escribo junto con Lenù, yo, la autora,

¿sabría escribir como Lila? ¿Acaso no estoy inventando esa ciencia de la mía?

Mientras redactaba la historia hubo una fase en la que desarrollé la idea de que Lila entrara en el ordenador de Lenù y mejorase el texto mezclando su forma de escribir con la de su amiga. Escribí unas cuantas páginas en que la escritura diligente de Elena cambiaba, se fundía, se confundía con la irrefrenable de Lila. Pero esos intentos me parecieron artificiales y fundamentalmente incongruentes: me limité a dejar algún que otro rastro de ese desarrollo posible. Es más, de haber seguido por ese camino, lo que habría implicado transformar de manera progresiva la escritura de Lena en escritura de colaboración con la de Lila, habría tenido que cambiar de modo decisivo el bosquejo general del relato. De hecho, ese bosquejo preveía que, una vez que Lila incumpliera el pacto de escribir un libro a cuatro manos con Lena, esta solo habría podido escribir una novela casualmente acertada, algo así como los libros de Hemingway para Stein, como los de las personas corrientes de las que habla Bachmann, es decir, de esas que ponen en marcha una carrera y nada más. En el plano de la escritura, Lena debía ser así: realizada, pero sin una verdadera satisfacción. Ella sabe que a Lila no le gustan sus libros. Sabe que escribe colocando en los márgenes la escritura de su amiga. Sabe que por sí sola jamás conseguirá apartarse de la mala lengua, de las viejas imágenes que suenan falsas, mientras que su amiga probablemente sí. Introducir en esta estructura una fusión de las dos escrituras, una confusión, suponía llegar a un final feliz en el que aquello que las dos niñas no habían hecho —escribir un libro juntas— lo conseguían ahora de adultas en una especie de libro final que era la historia de su vida. Para mí, imposible. Mientras escribía *La amiga estupenda*, un final así me resultaba inconcebible.

Algo ha cambiado hace poco. Mientras planificaba *La vida mentirosa de los adultos*, volví a pensar en el poema de Dickinson que les he citado al principio y, muy tarde, me di cuenta de un aspecto importante en esos versos. Volvamos a ellos.

> *La brujería fue ahorcada, en la Historia,*
> *pero la Historia y yo*
> *encontramos toda la brujería que necesitamos*
> *a nuestro alrededor, a diario.*

¿En qué no había reparado? No había reparado en el modo en que «la Historia y yo» generaba un «nosotras» y un espacio «a nuestro alrededor». A pesar de haber sido impulsada por estos versos, *La amiga estupenda* no lo había logrado. Para no acabar hecho pedazos en el agolparse de la Historia, en la multitud de personajes femeninos con sus vivencias, el hilo del relato se agarraba al «tú y yo». Claro que, en relación con el yo cerrado de los tres libros anteriores, el recíproco *enellarse* (palabra dantesca) de Lila y Lenù suponía un salto de órbita.

Pero a mi modo de ver surgía ahora un nuevo límite. El pecado original de las dos amigas fue creer que podrían arreglárselas solas, la primera de niña, la segunda de adulta. Encerradas en la distinción entre quienes de la mala lengua extraen solo pequeños libros y quienes, en cambio, consiguen hacer libros imprescindibles, Lena llegaba a la poquedad y a la naturaleza perecedera de sus propias obras, reconocidas entre otras por sus propias hijas, y Lila eludía toda publicación, emprendía una fuga permanente.

Con *La vida mentirosa* intenté hacer algo distinto. Concebí una historia en la que no se sabe quién es la mujer-personaje que la escribe. Cualquiera de las que aparecen en la novela podría ser la que simula el yo de Giovanna, naturalmente a partir de la propia Giovanna. La historia debía ser muy larga, moverse sin cesar entre la mentira y la verdad, con un título general que resumía la condición de gran parte de los personajes femeninos: *El estado de viudedad*. Yo misma, en mi función de autora, debía entrar en escena, relatando mis dificultades con la escritura y el esfuerzo por mantener unidas distintas fuentes, segmentos narrativos incoherentes, sensibilidades afines y sin embargo en conflicto, variedades de escritura muy diferentes. Pero ya en el primer y larguísimo borrador me quedé sin fuerzas. Me pareció una empresa destinada a permanecer inacabada, más maraña que historia. En este momento descarto ir más allá del volumen-preámbulo que he publicado, y por lo demás, creo que en cualquier caso ese libro puede arreglárselas solo.

Hoy pienso que si la literatura escrita por mujeres quiere lograr hacerse con su propia escritura de la verdad, necesita el trabajo de todas. Debemos renunciar durante un largo periodo a la distinción entre quien solo hace libros mediocres y quien inventa universos verbales imprescindibles. Contra la mala lengua que históricamente no prevé acoger nuestra verdad, debemos confundir, fundir nuestros talentos, ni una sola línea debe perderse en el viento. Lo conseguiremos. Y en este sentido me gustaría reflexionar una vez más con ustedes sobre el poema de Dickinson que nos ha traído hoy hasta aquí:

La brujería fue ahorcada, en la Historia,
pero la Historia y yo
encontramos toda la brujería que necesitamos
a nuestro alrededor, a diario.

Creo que la pura y simple unión del yo femenino con la Historia cambia la Historia. La Historia del primer verso, la que cuelga en la horca el oficio de bruja (presten atención, ha ocurrido algo importante), no es —ya no puede ser— la Historia del segundo verso, esa con la que encontramos a nuestro alrededor todo el arte de la brujería que necesitamos.

La costilla de Dante

Maria Corti —a cuyo extraordinario trabajo debo el impulso de releer a Dante tras haberlo leído por primera vez en el bachillerato—, en una intervención de 1966, con justo sarcasmo tachaba la competencia de Eugenio Montale sobre temas dantescos de «cierto diletantismo, aunque genial, en boga entre nuestros escritores, o vacío neumático de la improvisación militante, habituada a saquear a toda prisa un texto o dos para después mostrarse, confiando en la propia virginidad cultural». Comparto cada una de sus palabras. Pero entonces ¿por qué he decidido confirmar aquí, en esta ocasión, lo que hace cincuenta y cinco años dijo Corti de muchos de nosotros, que nos entregamos a la vena garabateadora?

Diría que por amor. Es más, por el amor tal como se me quedó grabado la primera vez que, de jovencita, leí los versos de Dante y sus amigos: el amor asociado al temor, al temblor, incluso a la angustia y al horror. A los dieciséis años me fascinó el hecho de que amar fuese ese padecer, ese exponerse a un peligro seguro. Y no tanto por la muerte, que siempre estaba a la vuelta de la esquina, sino por la naturaleza misma del amor, por esa energía propia que potenciaba y, a la vez, aturdía y mortificaba el espíritu de la vida. Mientras tanto, sin embargo, caló profundamente en mí la idea de que sin amor el saludo ajeno y, por consiguiente, nuestra salud era imposible, tanto en el cielo como en la tierra, de manera que resultaba inevitable exponerse, arriesgar. Me pongo a escribir estas líneas para reconocer, ante todo para mis adentros, que amé y amo las palabras de Dante aunque extenuada por su fuerza; y que incluso me asusta el mero intento de resolver este amor, entre otras cosas sin el estudio constante que Corti con toda justicia pretende. En consecuencia, he decidido ceñirme a los dos o tres aspectos que, entre el bachillerato y la universidad —cuando deseaba escribir más que cualquier otra cosa—, tomé de Dante para después, entre mil ajustes y malentendidos, cultivarlos en mi cabeza como si fuesen míos.

El Dante al que leí y estudié hace cincuenta años partía de la tradición provenzal y sículo-toscana, sacaba de ella su *stil novo* interpretando casi sin querer la necesidad de una literatura más refinada por parte de la clase dominante de la comuna, se entregaba al estudio convirtiéndose a todos los efectos en un sabio poeta-filósofo que ponía a Cristo en el centro de la historia humana para erigir finalmente el portentoso edificio de la *Divina comedia* sobre un racionalismo aristotélico, apenas teñido de mística en la última cántica.

Se trata de una colección de fórmulas que por aquel entonces memoricé con diligencia y que hoy, si se da el caso, reutilizo de buena gana con alguna actualización. Pero si tuviera que enumerar lo que de veras me marcó de joven —y no tanto como estudiante sino como lectora en ciernes y aspirante a escritora—, comenzaría por el descubrimiento de que Dante relataba obsesivamente el acto de escribir, hablaba de él en sentido literal y figurado, escenificaba sin cesar su fuerza y su inadecuación, el carácter provisional de su buen resultado y su fracaso.

A mí me turbó sobre todo la puesta en escena del fracaso. Me pareció que incluso cuando Dante subrayaba sus éxitos, no sabía sustraerse a la idea de que encerrar la experiencia humana en el alfabeto es un arte expuesto a las más amargas de las decepciones. No los aburriré con las numerosas citas que he encontrado en mis cuadernos de entonces. Solo diré que ya en la primera lectura de bachillerato sentí mucha pena por Bonagiunta. Me conmovieron las palabras que Dante pone en su boca en el canto XXIV del *Purgatorio*:

¡Oh hermano, ahora veo», dijo,
«el nudo que el Notario y Guittone y yo sentimos
ante este dulce estilo nuevo vuestro!
Ahora veo cómo vuestras plumas
han seguido fielmente al que bien dicta,
justo lo que nosotros no hemos hecho.

Y el que desee ahondar en el análisis,
*no ha de hallar diferencias más notables.**

Padecí por ese «ya comprendo», por esa melancólica constatación de incapacidad, como si dijese: ay, ahora entiendo
que había un obstáculo, que tú viste, Dante, y con tu escritura conseguiste superar, mientras que el Notario, Guittone y yo no.

   ¿Por qué unos lo consiguen y otros no? ¿Por falta de
inspiración? ¿Por ofuscación sentimental, por falta de entendimiento y de comprensión, como suele decirse, de la
propia época? No. Me sorprendí al pensar que Bonagiunta
hiciese de ello una cuestión de velocidad. Es más, confieso
que la lectura de aquellos versos me trajo a la mente mis
pruebas de dictado de la escuela primaria, la preocupación
por rezagarme —como ocurría a menudo— y perderme
todo aquello que la maestra, al leer un texto suyo, enun-
ciaba en voz alta desde su mesa. Del mismo modo, me
parecía que la culpa del Notario, de Guittone, del propio
Bonagiunta consistía no tanto en prestar poco oído a lo
que Amor inspira y dicta, sino en no ser capaces de seguir-
le el ritmo lo suficiente, como si la transformación de la
voz en escritura resultara angustiosamente lenta.

   * *Divina Comedia: Infierno; Purgatorio; Paraíso*, ed. bilingüe, ed.
y trad. de Jorge Gimeno, Barcelona, Penguin Clásicos, 2021.

Debo decir que aquella impresión de lectora con afán de escribir desde luego no se debilitó cuando, a lo largo de los años, con el aumento de las lecturas místicas (Casella, Corti, Colombo) de las obras de Dante y la identificación de sus fuentes, arraigó en mí la idea de que aquel amoroso *inspirar* y *dictar dentro* —para que la pluma *anote* y signifique— por una parte es, sí, la enunciación de una poética pero, sobre todo, la explicitación de una dificultad. De hecho, Dante-autor construye el episodio de manera que el éxito y el fracaso sean las caras de la misma moneda. La palabra suave, en su salto de órbita del interior del corazón al exterior de la escritura, necesita de un escriba capaz y rápido. Si ese recorrido no se realiza velozmente —y Bonagiunta reconoce: «vuestras plumas / han seguido finalmente al que bien dicta, / justo lo que nosotros no hemos hecho»—, el fracaso es inevitable. Dante-personaje supo desanudarse (Guglielmo Gorni) y ser escriba liberado que por eso escribe velozmente, siguiendo el dictado de Amor; Bonagiunta, en cambio, ha quedado atado y, por lo tanto, lento, sujeto por ese nudo.

¿De qué naturaleza es el vínculo que nos impide ser escribas veloces? Yo tenía la impresión de que el propio Dante lo decía explícitamente cuando recurría al término *estilo*: había un estilo antiguo con arreglo al cual se instruía la mano; el Notario, Guittone, Bonagiunta fueron adiestrados en ese estilo, y yo, Dante, también; pero ahora me he liberado porque era un medio insuficiente; la palabra dictada por Amor requiere otro estilo, es decir, algo más de adiestramiento, una escritura que, desatados los nudos previamente adquiridos, parezca —como había escrito en *La vida nueva*, y yo me lo había apuntado en mis cuadernos— «casi como movida por sí misma».

Yo conectaba pasajes alejados entre sí. A mis ojos, ese «casi como» era importante. Ninguna lengua y ninguna escritura se hacen solas. Es decir, el escriba debe estudiar y alcanzar una destreza tal que la palabra, al hacerse escritura, es «casi como» si corriera del interior al exterior, del corazón a la página, de modo autónomo. Para ser nuevo, el *stil novo* debía realizar el trabajo de identificar los límites del viejo estilo y superarlos, obteniendo así una escritura que jamás vuelva a perderse nada del dictado de Amor. Bonagiunta —me decía yo— habría querido hacerlo bien, pero le habían faltado el estudio, la disciplina necesaria para seguir de cerca ese dictado. Dante no. Él, quizá más que cualquier otro gran escritor pasado y futuro, conocía la insuficiencia de la escritura, la temía y luchaba contra ella, es más, la consideraba parte de la limitación y la fugacidad de lo humano. Su misma obsesión por lo nuevo, presente en su obra desde el inicio, provenía de su conciencia de que la escritura estaba vinculada a la escritura; de que cada palabra tenía su tradición; de que en cada primera habla anidaba la segunda; de que de Cimabue surgía Giotto; de que era necesario aprender, solos o en alguna escuela, partiendo siempre de la escritura ajena; de que como ocurre con el atleta, cuanto más se disciplinaba la pluma, más velocidad se adquiría y mayor era la capacidad de seguir de cerca la voz de Amor y aferrar aquello que a la tradición escrita, inevitablemente, se le había escapado; de que toda forma, en definitiva, era una jaula no duradera y, sin embargo, necesaria, si se aspiraba a escribir como nadie había escrito jamás.

De este modo, la *Divina comedia* me pareció una trampa extraordinaria, preparada minuciosamente a lo largo del tiempo. Todavía hoy creo que en los últimos setecientos años ningún autor ha conseguido transformar el análisis vivo y estudioso de su propio tiempo, y la memoria aún más estudiosa de los documentos del pasado, en una jaula tan repleta de la vida de todos y, a la vez, tan singularmente pensada, tan apasionadamente personal, tan minuciosamente local-universal. Alguien de naturaleza generosa ha mencionado a Proust y he tratado de convencerme. No lo he conseguido.

Desde aquellas primeras lecturas de hace tantos años, la identificación me pareció la trampa milagrosa. En mi lista esencial de lectora con vena garabateadora aquella resulta ser la dote más asombrosa de Dante. Por comodidad, seguiremos con el encuentro con Bonagiunta. Yo leía y me exaltaba: qué bonito es ese «soy uno que», qué eficaz es esa orgullosa definición del propio trabajo. Pero vaya, dos versos más adelante, sufría. Sufría por Bonagiunta y el sincero reconocimiento de su fracaso. Dante era Dante en su plenitud, en su desmedido orgullo de fundador de lo nuevo; pero al mismo tiempo era también el superado Bonagiunta. Representaba al municipalismo utilizando la memoria de su propio municipalismo. Escenificaba su fracaso alimentándolo con su propia angustia de no poder vivir lo suficiente para aprender a hacerlo mejor.

La capacidad de Dante de situarse en el otro y pivotar, al mismo tiempo, sobre el yo autobiográfico con los límites propios de su estructura me dejaba boquiabierta. El secreto de su lengua enérgica, capaz de fulgurantes expresiones sintéticas, con frecuencia tan veloces que plasman al otro en un gesto fugaz, una postura cargada de sentimientos y resentimientos apenas perceptibles, me parecía, sobre todo, efecto de la identificación. Una descripción dantesca no se queda nunca en mera descripción, sino que es siempre un trasplante de sí misma, un salto rapidísimo del corazón —de pocos segundos— del interior al exterior. Y algunos diálogos, en especial cuando son intensos, compuestos por ocurrencias de medio verso, son una especie de frenética distribución de partes contrapuestas. Saltos de sí fuera de sí, motivados por la comprensión —en el sentido de entender asimilando— de todo, lo animado y lo inanimado, el error y el horror.

Quizá habría que observar el poder de la identificación, demasiado evidente en el poema —casi una necesidad incontenible de acortar las distancias al máximo— no solo en el Dante poeta-narrador, sino también en el Dante lector. En el bachillerato, la fuerza de sus símiles me dejaba estupefacta. Pero después tuve ocasión de seguir otros estudios y aprendí que, a menudo, esas figuras provenían de la lectura de textos de diversa naturaleza. Sin embargo, nunca se trataba de una pura transcripción o de un homenaje deferente o de un trabajo de traducción fiel. Incluso cuando leía versos paganos o la Biblia o páginas filosóficas, científicas, místicas, Dante entraba en las palabras ajenas de un modo tan íntimo que captaba los secretos de su sentido y su belleza, y encontraba para ellas una escritura propia.

A veces la operación salía bien y se convertía en memorable, a veces parecía fracasar, como si el texto de partida no le hubiese dictado bastante, o él no hubiese reparado en lo notable con la debida velocidad y se hubiese perdido algo. Pero la energía verbal que Dante liberaba al situarse en un texto para, a continuación, volver en sí con el botín, era para mí indiscutible, incluso en los casos en que los versos, comparados con los proverbiales, parecían farragosos, oscuros, cuando no feos.

Es más, debo decir que estos últimos me absorbían más. Sospechaba que, en su caso, la maraña y la fealdad demostraban una tendencia a subir la apuesta fuera como fuese. En las tres cánticas veía el esfuerzo de ir más allá de lo que Dante ya sabía imaginar y hacer. A veces yo pensaba: aquí ni siquiera las notas más doctas le siguen el paso. Y me rompía la cabeza y me decía: ha dejado atrás no solo su sentido de lo bello sino también el nuestro; estamos acostumbrados a leer y escribir con demasiada prudencia, somos cobardes; él no, él ve si es posible hacer poesía incluso con la negación de la poesía.

Para expresar ese impulso extremo a la identificación nos ha dejado —en el canto IX de la cántica donde plantea la felicidad celestial de los intercambios silenciosos, un fundirse y confundirse en la luz mística— palabras como *enelarse, entuarse, enmiarse*. Fueron verbos sumamente audaces y por ello no gozaron de fortuna. Hemos preferido el término que he venido utilizando hasta ahora: *identificarse*. Sin embargo, en esas palabras vi entonces y sigo viendo el mayor deseo de cuantos escriben y cuentan: el afán de desanudarse de sí, el sueño de convertirse en el otro sin obstáculos, un ser tú mientras tú eres yo, un fluir de la lengua y la escritura sin sentir la alteridad como un estorbo.

Me sorprendió que Dante nunca hubiese inventado un «convertirse en ella». Sin embargo, él sentía una poderosa atracción por lo femenino, poseía una marcada sensibilidad de mujer (es relevante, y a la vez un tanto divertido, que Pound definiera como «femeninas» las rimas de Dante, siempre acentuadas en la penúltima sílaba). Había llegado a la audacia extrema de representarse hipersensible como una Sibila, expuesto en el cuerpo a las señales más imperceptibles desde el nacimiento (Claudio Giunta), a toda fragilidad. Y más que nada se había imaginado a Beatriz, la más nueva de sus novedades.

Llegados a este punto, quisiera hacer una pequeña rectificación. He dicho que decidí escribir este texto por amor a Dante. Y es así. Pero como mi intención es esforzarme por decir lo más «verazmente» posible —la verdad ocupa siempre el primer lugar entre los pensamientos de quien escribe, sobre todo de Dante—, deseo aclarar que en mi caso el amor por Dante pasó, de inmediato, a estar unido a la más audaz de sus creaciones: a Beatriz, precisamente. Mejor dicho, si me ciño a mis recuerdos de lectora adolescente, debo añadir que fue ella quien me hizo amar de inmediato a Dante. Enseguida agradecí que Dante se representarse como varón miedoso, extraviado en la selva oscura, sujeto al llanto y al desmayo frente al dolor ajeno, salvado por una verosímil mujer florentina que, primero ponía en marcha el rescate retirándole el saludo y después, pasada a mejor vida, lo reeducaba liberándolo definitivamente de la condición de pelele delirante.

Aún hoy me cuesta entender lo que hizo. Fue precisamente Guglielmo Gorni quien subrayó que Beatriz «es la única mujer en todas las letras occidentales a quien se ha conferido un papel tan honorable». Pero ¿por qué solo Dante coloca a su dama en tan elevado puesto de la jerarquía corriente de lo femenino? ¿Qué estrategias aplica para llegar a adjudicarle justificadamente semejante honor?

Durante muchos años pensé que una investidura de ese nivel escapaba por completo a la norma de su época. Pero no nos engañemos, Dante se ceñía a esa norma. Descartó, por ejemplo, la posibilidad de que fuera una mujer la primera en realizar el extraordinario acto del habla. Consideraba que el bien que es el habla era propiedad exclusiva de Adán, de cuya primera articulación del aliento había salido el vocablo *Deus* (mientras leía *De vulgari eloquentia*, yo fantaseaba con la idea de que, llevada por la necesidad y a falta de una lengua propia, la primera mujer tuvo que aprender la lengua de la serpiente, la única disponible, si quería tener inteligencia del mundo creado). Tanto antes como después de Babel, no se otorgaba ninguna dignidad a los usos lingüísticos mujeriles, relacionados en el *Convivio* con los pueriles. En suma, las mujeres se distinguían por su belleza y su silencio, y la joven Beatriz de las *Rimas* y de casi la mitad de *La vida nueva* no es en absoluto una excepción.

En el día a día, Dante la representa envuelta en su traje de colores recatados, muy reservada y alejada de las escotadas florentinas que denunciara su antepasado Cacciaguida, pero de una belleza tan excelsa que ocupa un lugar relevante en la jerarquía del deseo establecida por los varones. En sueños está muda y desnuda, es decir, apenas cubierta por un manto rojo traslúcido, y que esa desnudez apenas velada sea símbolo de pureza resulta poco convincente. Tiene ojos jóvenes para deslumbrar y boca para sonreír o, si se tercia, para un saludo contenido y salvífico que no es el inicio de una conversación, sino que nos deja mudos y trémulos. En suma, el joven poeta se ciñe mucho a lo femenino provenzal, a su adaptación sículo-toscana, a la reinvención guinizelliana y a los rasgos angustiados de Cavalcanti.

Pero después algo empieza a cambiar, incluso antes de la muerte de la joven dama. En la *Vida nueva* me parecían bellos los momentos en que a Dante se le retiraba el saludo. Y me gustaba cuando, junto a sus animadas amigas, Beatriz se burlaba y lo dejaba clavado, al borde de la inconciencia, contra una pared pintada, como si él mismo no fuese más que un artefacto, una figura entre las figuras, una ficción entre las ficciones. Pero sobre todo era memorable el giro del capítulo XIX, cuando, por un camino a lo largo del cual fluía un río muy claro, a Dante le sobrevino «un deseo tan grande de expresarme» y un fuerte impulso a cambiar de registro, borrar la convención literaria de la servidumbre amorosa y sustituirla por la alabanza sin contrapartidas de la gentilísima.

Todos los manuales destacaban aquel pasaje y yo memorizaba su importancia: era el inicio de un largo camino de estudio con la consiguiente autotransformación. Sin embargo, al final se me quedó grabado para siempre aquel «deseo tan grande de escribir» al que siguió la irrupción («mi lengua habló casi como movida por sí misma») de aquel primer verso: «Damas que tenéis entendimiento de Amor». Se me grabó hasta tal punto que si hoy me preguntan en qué consiste el giro de aquel capítulo XIX, me cuesta responder con fórmulas del estilo: la Beatriz histórica pasa ahora de ser persona encarnada en el tú a ser materia finísima del discurso poético dantesco. Ahora bien, me viene a la cabeza de inmediato la gran impresión que me causó aquel modo de definir a las destinatarias de la canción: «Damas que tenéis entendimiento de Amor»; es decir, damas que no sois «simplemente hembras», sino que poseéis la capacidad de entender a Amor.

Tenía la sensación de que en aquel pasaje famoso se replanteaba en su totalidad la jerarquía de lo femenino, y ya no en nombre de la servidumbre del amor, y quizá ni siquiera solo del corazón noble. La palabra de la refundación dantesca era *entendimiento*, vocablo de compleja tradición escrita, seguido de inmediato, en posición de genitivo objetivo, por otro vocablo, *Amor*, de una tradición escrita igual de compleja. Dante daba un salto muy inesperado, que resulta bien visible solo si eludimos la interpretación que, al analizar el texto, opone las «simplemente hembras» a su mutación en figuras simbólicas. Las hijas de Eva, en conjunto, se quedaban en «vulgar cauce». Pero de ellas se apartaban las damas gentiles —distintas de las hembras despreciativas y tristes como la Micol, del canto X del *Purgatorio*— dotadas, por añadidura, de intelecto, aquellas que probablemente pertenecían a la categoría sociológica esbozada en el *Convivio*: seres humanos que no han podido alimentarse de saber no por defecto orgánico o por superficialidad y pereza, sino a causa de las «atenciones familiares y civiles». Es una élite a la que el hombre-poeta, sensible y culto, se dirige con su fina palabra dictada por Amor, porque sabe que esa palabra será comprendida por esas mujeres. Claro que la lengua de estas no puede ser otra que la mujeril, la cual, por su naturaleza es inservible. Claro que ellas no pueden expresarse, sino solo dejarse alabar. Y, sin embargo, se las considera capaces de absorber la alabanza conceptualmente compleja que el poeta les dedica en la figura de una que las compendia del mejor modo: no la gentil, sino la gentilísima Beatriz. Una vez encerradas entre paréntesis la atracción sexual y la jerarquía de la belleza, el joven autor de la *Vida nueva* inauguraba así una nueva jerarquía de lo femenino fundada en la capacidad de entender. Eliminados los fines sexuales, pero manteniendo en pie la categoría de las damas gentiles que incluso con su belleza agitaban los corazones igualmente gentiles de los hombres, Dante aislaba una categoría femenina a la que se podía exponer, ofrecer como lectura, cantar arduos pensamientos sabiendo que serían comprendidos.

Si se hubiese quedado ahí, a mis ojos, habría cumplido dentro de los límites de su época una considerable operación masculina de promoción del potencial de las mujeres. Pero, como ya sabemos, él no se quedó ahí. O al menos eso pensé en mis años de bachillerato y universidad.

Quizá se había dado cuenta de que el mundo de las mujeres no era solo el que se desplegaba inmediatamente ante sus ojos: madres aplastadas por las responsabilidades domésticas, muchachas casaderas vigiladas, niñas pobres expuestas a todo tipo de violencia, damas de costumbres disolutas o incluso damas gentiles como Francesca, trastornadas por la lectura de las novelas de caballería. Quizá, en las líneas finales de la *Vida nueva*, ya se había dado cuenta de que ciertas mujeres podían tener perfiles más complejos, que existían figuras femeninas radical y arriesgadamente nuevas, mucho más nuevas que aquellas, también novísimas, a las que él atribuía entendimiento de Amor. Y por eso cerraba su obrita con el propósito de no escribir más sobre Beatriz a menos que encontrara el modo de forzar ulteriormente las viejas formas y «decir de ella aquello que nunca fue dicho de ninguna».

Y realmente lo conseguirá. Harán falta unos años, un viril peregrinar y mucho estudio. Pero cuando Beatriz reaparezca en la *Divina comedia* ya no será una dama con entendimiento de Amor, ni será solo la gentilísima. Con un golpe de ingenio, Dante la cambiará radicalmente y la hará salir de su mutismo, como señala Bianca Garavelli en su comentario al poema. No sé si esta cuestión ha merecido algún otro comentario, pero seguramente se lo merece; de cualquier modo, a mí me pareció un hecho fundamental que Dante fundara el monumento a la jovencita de Florencia sobre el don de la palabra.

Beatriz ahora hablaba, y no hablaba según los mezquinos usos mujeriles de la lengua, ni para dirigir un breve saludo. Beatriz hablaba igual que o incluso mejor que un hombre. Por ejemplo, casi como si fuese Dante, ya en las explicaciones que ofrece Virgilio en el *Infierno*, canto II, declaraba: «Amor me manda y mueve mis palabras». Y en el canto XXX del *Purgatorio* daba un salto de calidad verbal que dejaba boquiabierto. En suma, Dante se había esforzado al máximo. Para decir de ella lo que nunca se había dicho de ninguna mujer, había *extinguido* la primera lengua indefectible de Adán, había seguido a quienes decían que es cosa natural que el hombre y la mujer hablen (*Paraíso*, canto XXVI) y, gracias a la muerte, le había dado a Beatriz Portinari, definitivamente ajena a esas «simplemente hembras», no solo un sitial en los cielos, sino también un habla y un saber fuera de lo común.

Llegamos así al aspecto que más me entusiasmaba: Beatriz, entre Limbo, Edén y esferas celestes se convierte en una autoridad indiscutible y mezcla con arte lo femenino y lo masculino. En su manera de hablar es amante, madre y, sorprendentemente, almirante. En su vida ultramundana tiene un prestigio que le permite atribuir al yo masculino que narra, protagonista de la «visión», una ejemplaridad no distinta de la de Agustín de Hipona y Severino Boecio. Su autoridad de reina del cielo es tan grande que puede asignar legítimamente a ese yo narrador, tras un viaje que ha durado nada menos que sesenta y cuatro cantos, el mismo nombre del autor: Dante.

Y es solo el principio. Poco después, precisamente en virtud de su colocación jerárquica, Beatriz puede permitirse reprochar a su hombre con una dureza de mujer que literalmente ha pasado a mejor vida, es decir, a una vida en la que ya no está ceñida en las vestiduras de la joven hermosísima de ojos juveniles, sino en las de la persona ya plenamente realizada. Su reprimenda tiene todos los signos de la revancha. Es como si dijera: mírame, he aquí lo que yo era en potencia y tú no has comprendido mi transformación, has permanecido inmóvil en un estado que ya no me pertenece. Es decir, la culpa por la que Dante debe derramar ahora lágrimas de arrepentimiento radica en el hecho de haberse detenido en la imagen por él mismo potenciada de gentil mujer siempre niña; en el hecho de no haber aprendido a tiempo de la disolución de esa imagen; en el hecho de haberse demorado en resucitarla con «mocitas» que por su naturaleza no están capacitadas para tener una fuerte conciencia de sí mismas y de Amor, sino que son capaces a lo sumo de una comprensión silenciosa de la alabanza en lengua masculina. Sin embargo, he aquí el tipo de conciencia, ciencia y habla con que es capaz de *embellecerse* una mujer a la que ya no atan los nudos de la vida terrenal.

¿De dónde tomaba Dante los elementos para inventar a esta Beatriz definitiva? Los estudios de los últimos treinta años del siglo XX —lo aprendí con el tiempo— demostraron ampliamente que en el Medievo los roles femeninos fueron mucho más variados y complejos de lo que los varones admitían en sus *requiebros*. Había mujeres cultas, había mujeres que, por su cuenta y riesgo, leían y comentaban las Escrituras. De hecho, si confeccionamos con paciencia una lista de las cuestiones complejas que el poeta-filósofo —el mismo que en el *Convivio* había repartido democráticamente el saber entre los hombres y, sobre todo, las mujeres de escaso ocio y mucho negocio, mediante la composición de canciones preñadas de saber y de sentido, acompañadas de doctos comentarios— atribuyó al conocimiento de Beatriz es para quedarnos francamente maravillados. Yo todavía no salgo de mi asombro. Y hoy me entran ganas de aproximar a Dante al Maestro Eckhart tal como lo describió Luisa Muraro, a raíz de una serie de estudios de finales de siglo sobre la mística femenina, en su libro *El dios de las mujeres*. Del mismo modo que Eckhart asimila en sus escritos la experiencia de las beguinas, Dante habría podido reinventar poéticamente a Beatriz observando a las mujeres estudiosas y comentadoras de las Escrituras. No se trata de ajustarse al lugar común de una Beatriz símbolo de la Teología. Beatriz no es (solo) un símbolo. Dante la imagina, literalmente, como mujer que tiene entendimiento de Dios y lenguaje especulativo, modelándola —me agrada pensarlo— siguiendo el eco de figuras como Matilde de Magdeburgo, Hildegarda de Bingen, Juliana de Norwich, Margarita Porete o Ángela de Foligno, *magistra theologorum*. Como es natural, lo hace asignando a una figura femenina conocimientos científico-teológico-místicos que le son propios a él, y que extrae de sus estudios, de una de sus costillas. Pero al hacerlo —digamos en ese *enellarse* suyo— llega a imaginar —con su racionalismo místico, con su realismo visionario— lo que es posible para las mujeres. Y por eso debemos darle las gracias. Con ese monumento hizo más que muchos otros a lo largo de los siglos. Paciencia si *Dante* —la palabra inaugural de aquel *primiloquio* de Beatriz inventado en el canto XXX del *Purgatorio*— suena un poco como un calco de la palabra *Dios* en boca de Adán, cuando la figura de polvo del primer hombre recibe de su creador el don de la palabra y, por primera vez, devotamente, le habla.

Algunos títulos imprescindibles
de Lumen de los últimos años

Crónicas del desamor | Elena Ferrante

La amiga estupenda | Elena Ferrante

Un mal nombre | Elena Ferrante

Las deudas del cuerpo | Elena Ferrante

La niña perdida | Elena Ferrante

La frantumaglia | Elena Ferrante

La invención ocasional | Elena Ferrante

La vida mentirosa de los adultos | Elena Ferrante

Las inseparables | Simone de Beauvoir

El remitente misterioso y otros relatos inéditos | Marcel Proust

El consentimiento | Vanessa Springora

Beloved | Toni Morrison

Estaré sola y sin fiesta | Sara Barquinero

El hombre prehistórico es también una mujer | Marylène Patou-
    Mathis

Manuscrito hallado en la calle Sócrates | Rupert Ranke

Federico | Ilu Ros

La marca del agua | Montserrat Iglesias

La isla de Arturo | Elsa Morante

Cenicienta liberada | Rebecca Solnit

La señora March | Virginia Feito

Confidencia | Domenico Starnone

Los setenta y cinco folios y otros manuscritos inéditos | Marcel
    Proust

Alejandra Pizarnik. Biografía de un mito | Cristina Piña y
    Patricia Venti

Ulises | James Joyce

La muerte de Virginia | Leonard Woolf

Virginia Woolf. Una biografía | Quentin Bell

Hildegarda | Anne-Lise Marstrand Jørgensen

Exodus | Deborah Feldman

Léxico familiar | Natalia Ginzburg

Canción de infancia | Jean-Marie Gustave Le Clézio

Confesiones de una editora poco mentirosa | Esther Tusquets

Mis últimos 10 minutos y 38 segundos en este extraño mundo |
    Elif Shafak

Una habitación ajena | Alicia Giménez Bartlett

La fuente de la autoestima | Toni Morrison

Antología poética | Edna St. Vincent Millay

La intemporalidad perdida | Anaïs Nin

Madre Irlanda | Edna O'Brien

Recuerdos de mi inexistencia | Rebecca Solnit

Las cuatro esquinas del corazón | Françoise Sagan

Una educación | Tara Westover

El canto del cisne | Kelleigh Greenberg-Jephcott

Donde me encuentro | Jhumpa Lahiri

Este libro
terminó de imprimirse
en Madrid
en marzo de 2022

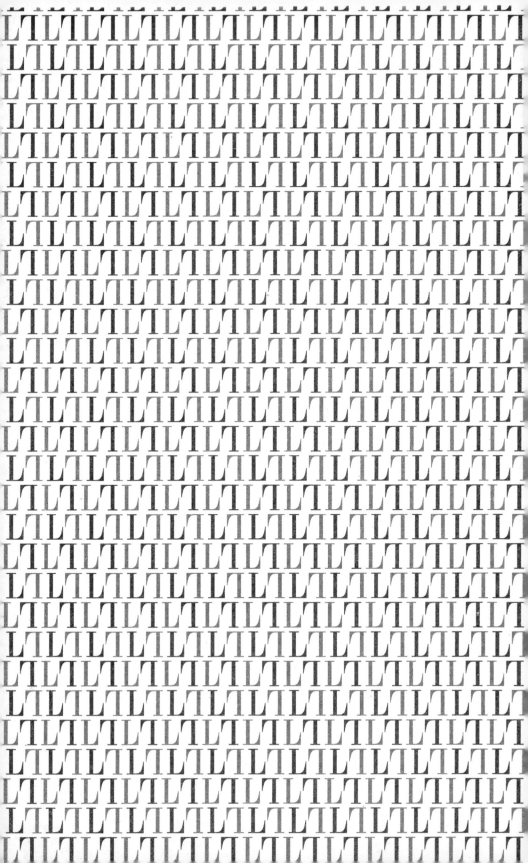